GERARDO SÁLER

¿QUÉ FUTURO QUEREMOS TENER?

UNA NUEVA ESPERANZA PARA MÉXICO Y PARA EL MUNDO

Diseño y realización de portada

Gerardo Sáler

DERECHOS RESERVADOS

Título Original

¿QUÉ FUTURO QUEREMOS TENER?

Una Nueva Esperanza para México y para el

Mundo

¿QUÉ FUTURO QUEREMOS TENER?

UNA NUEVA ESPERANZA PARA
MÉXICO Y PARA EL MUNDO

Para el capitalismo, el ser humano no posee nada,
ni cuerpo, ni alma, ni sentimientos ni emociones, ni gustos
ni conciencia, solo es un homo economicus que tiene en su
bolsillo una cartera.

Enrique Dussel

El capitalismo se va a mantener únicamente si
los dueños del capital regulan su egoísmo con su propia
justicia y virtud.

Adam Smith

Lo nuevo solo puede ocurrir donde no hay miedo,
donde no exista la imitación, donde no existen apegos a
las cosas.

Samael Aun Weor

Si algo no comprendes o crees que es un absurdo, es
porque no te has atrevido a llegar a la cúspide de la
montaña.

Gerardo Sáler

PEQUEÑA SEMBLANZA DEL AUTOR

En mi adolescencia, recostado en un sillón reposet color café oscuro, en mi cuarto de la casa de mis padres ubicada en la Jardín Balbuena, teniendo un ventanal muy grande de piso a techo con vidrios polarizados importados desde Checoslovaquia que daban a la calle, con cortinas de encaje compradas en una tienda de prestigio que disminuían tenuemente la entrada de luz a la habitación, me gustaba mirar hacia afuera y ver caer la lluvia en el atardecer nublado y escuchando música instrumental muy suave. En esos momentos meditativos siempre me l legaba a la mente la problemática social, y siempre me preguntaba por qué hay ricos y pobres, porqué sufre la gente, por qué no somos felices, yo tengo que hacer algo, ¿Pero qué?

A la edad de once años, en días posteriores al dos de octubre del sesenta y ocho, me espantaban mis vecinos diciéndome en forma burlona -¡no salgas, los policías están buscando a estudiantes para matarlos!- Y yo, analizaba, ¿Pero cómo? s i tengo apenas once años, y entonces mis miedos se desvanecían, y luego me preguntaba nuevamente. ¿Pero por qué los policías hacen eso, que pasa? En una ocasión le pregunté a mi madre, que tenía dos años de haberse separado de mi padre; -mamá, ¿Por qué hay tantos problemas en México?- Mi madre, siendo médico cirujano, que trabajaba en el IMSS, no me supo contestar, pero me dijo - Le voy a pedir a un primo tuyo que te compre algún libro que te saque de esa duda - Esperé el libro y de repente llegó a mis manos un par de libros bastante gruesos, anaranjados de pasta brillosa, que para mí estaban escritos en un idioma extraño, era El Capital de Carlos Marx. Me puse muy triste y pensé entre mi - Juan me hizo una broma -. Mi primo Juan pertenecía a alguna organización política en oposición al régimen de aquel entonces, a él sí lo hubieran apresado los policías, pero de suerte, se salvó. Él seguramente estuvo influenciado por los pensamientos que se manejaban en la familia ya que mis abuelos maternos, según mi madre me contaba, pertenecieron al Partido Comunista Mexicano y al Socorro Rojo Internacional.

Desde entonces hasta la fecha, he indagado, he buscado por doquier respuestas y más respuestas a mis interrogantes necias. Años después a lo narrado, me suscribía a una revista proveniente de la URSS; después a un periódico traducido al español proveniente de la República Popular Chi na; después me suscribí a otra revista ilustrada que me gustaba mucho donde, cada vez que la veía, me parecía estar en otro mundo; construcciones exóticas finamente diseñadas, majestuosos paisajes montañosos de color verdoso de diferentes tonos y a lo lejos deliciosas tierras, asombrosamente cultivadas y en perfecto orden , demostrando el inmenso trabajo de las manos del campesino chino; y con esa inspiración, de súbito y de repente mi imaginación volaba y volaba por los aires generando imágenes de cómo pudiera ser mi país, el México querido, pero la cruda realidad mexicana abruptamente me jalaba de mis sueños a esta tierra con infinidad de ambientes sociales sombríos.

Mi madre me sugirió que ingresara a la UPIICSA para que en un futuro pusiera mi negocio y me fuera bien, así lo hice, terminé la carrera, pero curiosamente no me sentía bien presentando una s imple tesis para titularme y sentirme orgulloso de ser Ingeniero. Decidí que pasara el tiempo, adquirir experiencia en la industria y cuando tuviera un buen tema original para aportar a la sociedad, haría mi tesis. Creo que me pasé de tiempo, porque hasta cumplidos los sesenta y dos años de edad, ya tengo un tema de tesis.

Pero tengo que reconocer que alguien a quien admiro, sin hablar con él, me inspiró a hacerla, él es un gran luchador social mexicano, una persona con mucho valor para decir las cosas, muy culto y con gran facilidad de palabra, actualmente es diputado del Partido del Trabajo, muchos ya sabrán a quien me refiero, es inconfundible, él reiteradamente ha dicho cosas que me identifico perfectamente con ellas. Palabras más, palabras menos ha expresado que -El ser humano merece ser feliz-, pero en lo que más estoy de acuerdo es que dice que para él, México tiene que hacer una transformación total del sistema socio-económico en que vivimos actualmente, que el sistema capitalista ya no da para más, que es necesario construir entre todos algo nuevo, original, diferente y que inclusive sirva de modelo para otros países. (Se sugiere ver videos (*)

Pero también tengo otra persona más a quien admiro, respeto y que al ver sus videos influyó mucho para tener un tema de tesis, él es doctor en filosofía, es uno de los filósofos críticos más famosos del mundo, después de Carlos Marx él ha presentado una explicación clara y contundente de la necesidad de cambiar las cosas en este planeta. Con su visión del eurocentrismo que explica en forma sencilla y amena en los videos subidos a YouTube llamados "16 Tesis de Economía Política – 1 ° - 16°'" donde también presenta los conceptos de post modernidad y de trans modernidad, me ayudo a comprender lo que me faltaba para tener una visión más clara de lo que hay que hacer en México y después, por qué no, en el mundo.

Ambos personajes, cada quien a su modo, hablan de la necesidad de cambiar la forma de vivir en este planeta, pero dan pequeñas pinceladas de cómo pudiera ser el futuro que quisieran tener pero nada más, como que dan la pauta para que otro u otros den sus ideas y entre todos construyamos algo nuevo. Pues ésta es la razón de este trabajo, aquí pretendo exponer, una alternativa completamente innovadora y futurista.

El doctor expone dos futuros posibles: la Postmodernidad donde todo casi seguiría igual, únicamente se realizarían pequeños cambios, y otro futuro la Transmodernidad, que sería un sistema socio - económico muy diferente al actual.

Pero para visualizar este último futuro, que es algo completamente nuevo, pienso que se necesita mucha imaginación, ser libre pensador, liberar nuestras mentes de toda atadura y condicionamiento mental que el sistema capitalista y el eurocentrismo nos han incrustado hasta la medula. Y por otro lado, que no nos

*(Los Retos del Nuevo Gobierno–Noroña con el PT en Morelia")(Neo comunismo.14 de julio de 2020 –Noroña

interese el qué dirán, que se nos resbale cualquier crítica mal sana de personas que no quieren que las cosas cambien, que no nos dé miedo a expresar nuestras ideas, por absurdas que parezcan. Sabemos que hay mucho condicionamiento por parte de las religiones, de la cultura eurocéntrica, de los medios de comunicación manipuladores de las mentes mexicanas etc. De todo esto tenemos que liberarnos, para que con plena libertad mental, fluyan las nuevas ideas para encaminar la cuarta transformación hacia una trans modernidad.

Considero que una de las profesiones que podrían ayudar al respecto es la Ingeniería Industrial. Esta profesión tuvo sus inicios en la Revolución Industrial con la básica mejora de los procesos productivos, agrícolas y manufactureros. Más aún, los inventos del ferrocarril y demás máquinas, así como la mejora en las cuestiones administrativas ayudaron a estructurar esta carrera ya como una disciplina científica que se dedica a estudiar todo tipo de procesos, aumentar la productividad y reducir costos para subir las ganancias, buscar las formas para aprovechar mejor el factor humano, dar propuestas acertadas para la solución de problemas etc.

En los últimos tiempos, viendo las consecuencias tan graves para los equilibrios naturales de este planeta, debido a los altos índices de contaminación ambiental generados por los excesos en la producción de bienes de consumo, cuya finalidad es primordialmente acrecentar la ganancia para los dueños del capital, creo que es momento de darle un nuevo enfoque a esta disciplina, es decir, en vez de satisfacer los intereses empresariales, aprovechemos las actuales corrientes filosóficas que visualizan la necesidad de un cambio profundo de régimen, mediante las intenciones del audaz proyecto de nación impulsado por el nuevo gobierno del pueblo de México con la llamada Cuarta Transformación, y si ya no queremos continuar con esta etapa destructiva en que nos encontramos, tenemos que buscar las formas para mejorar la vida de los pueblos, es decir, aplicar todo el conocimiento científico que ha venido acumulando esta ingeniería para ayudar a la transformación de este viejo régimen capitalista, caduco y degenerado, y llevarlo a uno nuevo que sea acorde con los nuevos tiempos de este despertar de conciencia. Una de las propuestas de este trabajo es precisamente la búsqueda de nuevos horizontes para la

Ingeniería Industrial, o al menos en el corto plazo, desarrollar una especialidad dentro de la carrera que tenga la visión de transformar la vida humana, dándole la posibilidad de un despertar de conciencia y que tenga la oportunidad de descubrir quién es, de donde viene y hacia dónde va, e introducirlo en su verdad cósmica, facilitando o estableciendo las condiciones materiales, sociales y económicas para lograrlo, y así poner las bases para desarrollar un sistema ontocrático como lo expone brillantemente el joven argentino. (Se sugiere ver video *)

Es momento de actuar, momento de buscar un cambio de vida para el ser humano, todavía estamos a tiempo para tomar consciencia de las consecuencias atroces de este sistema neoliberal que nos ha llevado a destruir no nada más nuestros valores y principios como seres humanos, sino también nuestro hogar, que es el planeta tierra; hay predicciones científicas que nos indican que tenemos a más tarda r treinta años para corregir el rumbo que llevamos, para meter un freno a esta inmensa locomotora que nos está l levando al abismo, ya que s i no lo logramos, habremos construido un camino sin retorno hacia la extinción de la especie humana. (Se sugiere ver videos **)

Otro motivo o causa por la cual siento la necesidad de presentar a los mexicanos el diseño de una nueva forma de vivir es, entre otras cosas, porque astrológicamente hablando tengo las influencias astrales del sol en conjunción con mercurio en piscis en casa cinco, y mercurio conjunción con venus en casa cuatro, dándome el impulso de la creatividad, es decir, desde que terminé la carrera de Ingeniería Industrial, la vida me ha llevado a realizar, en forma personal o en colaboración con otras personas, una serie de sencillas invenciones que me han ayudado a resolver algunos problemas de la vida cotidiana o de mi trabajo. A continuación expondré algunos de ellos.

- Cuando terminé la carrera, colaboré en un negocio familiar de fabricación de camioncitos metálicos de juguete, diseñando varios modelos de la parte trasera de la cabina.

- Colabore con un técnico mecánico para el diseño y

elaboración de una máquina inyectora de plástico automática de doble husillo.

-   Cuando entré al negocio de fabricación de botones aperlados: mejoré el diseño del botón con pata metálica a uno con pata integrada; fui diseñando paulatinamente el proceso de barnizado, desde una forma muy rudimentaria con tablas y clavos, hasta alcanzar la realización de una máquina automática mejorando la calidad del botón, reducir los costos y aumentando significativamente la producción. Desafortunadamente este negocio fue destruido por la incomprensión de mis familiares apoyados por la corrupción del Poder Judicial Mexicano.

-   Desarrollé un programa de cómputo dentro de otro mayor, que permitió manejar horarios de alumnos de una escuela de natación.

-   Cuando tenía mi taller de fabricación de botones, elaboré un compuesto que sirve de complemento alimenticio, a base de alga espirulina y polen de flores.

-   Cuando trabajé en un taller de fabricación de botones de pasta, diseñe varios formatos para el control de la información en el proceso de producción.

-   Llevé a cabo un proyecto de establecer una fonda de comida corrida llamada "Fonditas los Girasoles" donde su peculiaridad era dar menús de comidas balanceadas por un nutriólogo.

-   Trabajé en un negocio alterno de un empresario que vendía reguladores eléctricos, mejorando el diseño de diferentes modelos de equipos de generación de ozono.

-   Desarrollé un sistema de aprendizaje del idioma inglés, con el cual se adquiere la habilidad de entender la diferencia entre el inglés británico y en inglés americano, así como la habilidad de pronunciarlo correctamente, eliminando el acento latino.

-   Elaboré una receta de galletas nutritivas con buen sabor y aptas para diabéticos mejores que cualquier marca conocida, así mismo un atole a base de avena y ajonjolí, apto para mujeres con problemas de osteoporosis y para madres en periodo de lactancia.

-   Ahora a mis sesenta y tantos años de edad, colaboro con mi esposa en las actividades culinarias y me gusta experimentar con nuevos sabores de salsas y guisados.

-       En la actualidad, en mis ratos libres, me dedico a ver videos en YouTube y sobre todo a exigirle a mi imaginación y creatividad para la elaboración de un libro que plasme una nueva forma de vivir para el ser humano, aprovechando las actuales tecnologías cibernéticas para referenciar los temas con videos, más que con trabajos escritos publicados, siendo así más fácil profundizar en dichos temas, y al mismo tiempo, ayudar a los canales en divulgar sus trabajos.

Si el lector tiene en sus manos el libro en forma impresa, y quiere profundizar en los temas presentados, es aconsejable leerlo junto a una computadora con Internet y permanecer dentro del portal de YouTube, ya que aprovechando las nuevas tecnologías cibernéticas de comunicación, y por el gusto que tienen ahora las nuevas generaciones de ver videos más que la lectura de libros, las referencias que se presentan en el presente, serán algunos videos obtenidos de dicha plataforma, para lo cual dichas referencias se presentan con algunas letras en mayúsculas del nombre completo del canal de YouTube, enseguida un guion y un número que se refiere al video que se recomienda, todo esto encerrado en un paréntesis y guiado con asteriscos al pie de página. Con esta clave, hay que dirigirse a las últimas páginas del libro, donde se encuentra una lista en orden alfabético, con todos los canales de YouTube y su correspondiente clave, al encontrarla, se dirige uno al número que corresponde al nombre del video recomendado.

Este trabajo también tiene la finalidad de ser expuesto a nivel masivo en forma didáctica, por tanto, se recomienda que el lector lea por primera vez el libro sin ver los videos para que al terminar logre tener un panorama general del mensaje, después con toda calma repita la lectura pero viendo los videos que se presentan al final de algunos párrafos o temas para lograr la profundización de los temas y alcanzar un mejor entendimiento. Una vez que el lector haya terminado de leer el libro por primera vez, se sugiere que esta información la comparta en familia o en pequeños grupos de amigos o vecinos. Alguna persona que tenga la habilidad de leer en voz alta, puede leer algún párrafo, después preguntar si queda entendido lo leído y sugerir alguna crítica constructiva, y para aquellas personas que tengan dudas, inclusive se puede leer hasta donde se indique algún video sobre el tema y verlo. Alguna crítica que a todo el grupo se le haya parecido excelente, se puede anotar y recopilarla con todas las críticas que el libro reciba hasta terminarlo. Dichas críticas podrán ser enviadas al siguiente correo del autor **(gerardosaler57@gmail.com)** para ser procesadas y que ayuden, en un momento dado, al perfeccionamiento del proyecto, ya que el autor está en la conciencia de que el pueblo manda mandando. Además esto servirá para enriquecer la fundación que sustente este camino, organización que será inaugurada en su momento.

Para cualquier otro asunto el autor está a sus órdenes en:

 Gerardo Sáler @GerardoSaler

 @GerardoSaler

JUSTIFICACIÓN

Como el título del libro lo indica, en este trabajo existe el propósito de hablar del futuro, y considero que no se puede hablar con una perspectiva futurista, si no se abordan temas que a estas alturas, muchas personas no tienen el más mínimo interés de indagar sobre ellos y menos de escudriñarlos; esto es por la sencilla razón que se ha n considerado temas tabú, temas prohibidos, temas propios del vulgo y rechazados por el eurocentrismo. Todo esto debido más por un prejuicio religioso, que por un conocimiento sin valor. Me refiero por ejemplo a temas de: avistamientos ovni, de astrología, de metafísica, de espiritualidad, de profecías, de las diferentes razas extraterrestres que se encuentran con nosotros, de las súper élites que dominan al mundo, del nuevo orden mundial que nos quieren imponer, y en general de todos los temas esotéricos. (Se sugiere ver videos*)

Aquí trataremos de demostrar que, para entender con más claridad lo que está aconteciendo día a día en este mundo, se hace indispensable cuando menos tener una idea general de estos temas, al ignorarlos nos puede pasar lo que les pasó a muchos adultos cuando se vieron en la necesidad de trabajar con una computadora, ya que la necesidad de seguir trabajando, los metió en el dilema de esforzarse y aprender computación para seguir adelante, o de rechazarla, bloqueando su desarrollo y la posibilidad de seguir trabajando.

En la misma situación están los médicos en la actualidad, la gran mayoría están aferrados a no aceptar la medicina natural o medicina alternativa, desafortunadamente estos profesionistas consciente o inconscientemente están beneficiando más a la industria farmacéutica que en restablecer la salud integral de sus pacientes. Afortunadamente cada

* (PJVV – 1); (DIUNA – 1); (REVHUM – 1); (IREDRA - 1); (UNINSYOUESP – 1); (ATRADESLIVE – 1); (NOTIMUN -1); (YOSOJI – 1); (UNINSYOUESP – 2

vez más, hay un número mayor de profesionistas de la salud, que han querido darse la oportunidad, de incursionar en esta otra medicina milenaria cuyo propósito principal es mantener en buen estado el sistema inmunológico de sus pacientes, y paradójicamente esta medicina también es muy redituable para el médico, pero tiene la ventaja de no dañar el cuerpo y el paciente queda plenamente satisfecho, a diferencia de la medicina alópata que cura pero a la vez daña dicho sistema entre otros órganos.

El gobierno chino, gracias a su medicina tradicional, ha podido mantener a su inmensa población en buen estado de salud, ya que es una medicina benevolente, además que se requiere de un gasto gubernamental mucho menor que la medicina científica. En México, gracias a la Universidad Autónoma de Chapingo y a algunos centros privados, también tenemos una excelente medicina tradicional, que podría realizar grandes y beneficiosas contribuciones a la salud del pueblo mexicano; lástima que el actual gobierno prefiera gastar cientos de miles de millones de pesos del presupuesto anual, en comprar medicamentos y vacunas que aunque mucha gente ha salido beneficiada, en muchos otros casos, los bebés y muchos adultos han salido perjudicados. Además enriquece enormemente a las industrias farmacéuticas nacionales y extranjeras, menguando significativamente el presupuesto nacional y despreciando la medicina tradicional mexicana, que es mucho mejor para mantener la buena salud de la población. Entonces, el principal propósito de este capítulo es que nos demos cuenta que, los temas tabú de antaño, ahora son indispensables, no tan solo para entender la nueva realidad que nos aqueja, sino de crearnos una mente abierta, creativa y sin prejuicios para poder diseñar una nueva forma de vivir, completamente diferente a la actual y que elimine todo tipo de dominación y control por parte de gobiernos corruptos, corporaciones financieras buitres, élites y súper élites abusivas y mezquinas que tienen el propósito de disminuir la población mundial a base de guerras bacteriológicas con motivos eugenésicos.

El rechazar toda la información que se está vertiendo en internet relacionada con los temas tabú, es ver al enemigo que tenemos enfrente y voltearnos de miedo para no enfrentarlo. Vencer a este adversario es el reto más importante en estos momentos para las mentes materialistas, es la única oportunidad que tiene el ser humano de romper las cadenas de su esclavitud y control, y diseñar una nueva forma de vivir acorde con sus más grandes aspiraciones. De otra manera tendremos que esperar cándidamente el Nuevo Orden Mundial que ya lo vemos manifestado en el gobierno chino, que con el poder en sus manos mantiene al pueblo dominado y brutalmente controlado, sin las más mínimas garantías individuales, sabiendo ahora que el poder le pertenece al pueblo . (Se sugiere *)

En este libro se abordan algunos temas que pueden ser incomodos para mucha gente, mi intención es que de una o de otra manera, esas personas se den la oportunidad de conocerlos, y con una mente abierta, puedan descubrir que realmente es información sumamente importante para entender verdaderamente estos tiempos. Y si no quieren darse esa oportunidad dudo mucho que se pueda comprender el libro en toda su profundidad. (Se sugiere **)

Todos los seres humanos decimos cosas que muchos estarán de acuerdo y a muchos les parecerá una tontería, pero mientras no estudiemos a profundidad un tema, no podremos opinar.

*(MARGAR – 1; MARGAR – 2, GERAMA – 3)
**(YOSOJI – 1

Éste es un trabajo para darle una oportunidad a nuestra imaginación y poder liberar nuestras mentes, aquí encontrarán propuestas tal vez un poco inverosímiles de posibles formas de vivir humanas completamente diferentes a las actuales; el que suscribe lo hace con la finalidad de que rompamos las cadenas intelectuales, las ataduras del miedo al "qué dirán", del temor a hacer el ridículo s i proponemos algo nuevo o diferente. Los científicos, los filósofos y demás intelectuales muchas veces se ven impedidos a expresar alguna idea original por temor a ser despedidos de su círculo profesional, donde pueden comentar atrás de ellos -fulano de tal ya está desvariando, me comentó una idea absurda y ridícula, es momento que visite el manicomio-. (*) Los inventores tienen la necesidad de pasar su proyecto por varios pasos: el rechazo total, el rechazo parcial, la aceptación restringida y por último la aceptación total; o muchas veces existen personas que, por algún motivo muy extraño, tienen vivencias muy especiales que no son comunes y que por miedo a ser rechazadas, no lo comentan y se quedan calladas.

No se cómo el lector vaya a tomar este libro, hay personas de mente muy abierta, que les interesa saber o conocer cosas nuevas, vivir situaciones novedosas e interesantes y no les importa el "qué dirán", ni hacer el ridículo; por otro lado existen personas que piensan y se comportan completamente de forma contraria a estas, tratan de burlarse, de ridiculizar y de hacer quedar mal a otros, su comportamiento es reservado e inseguro por miedo al rechazo, su mente está llena de candados, de senderos estrechos y restringidos que les impide ver más allá.

*(HEASOM - 3

Este libro es precisamente para estas dos formas de pensar extremas y no se diga para los demás; únicamente es necesario que estés fastidiado, aburrido y harto de vivir este mundo, que muchas veces es muy absurdo y está lleno de crueldad y maldad, aunque tenga sus momentos de estar bien de vez en cuando; también para aquellas personas que estén ya en la conciencia de que es momento de un cambio (*) y especialmente, para aquellas personas con iniciativa que servirían como punta de lanza para que otras personas las sigan. (**)

Mencionando nuevamente al filósofo argentino-mexicano, cuya trayectoria es reconocida a nivel mundial, en una forma por demás majestuosa en su libro "las 16 Tesis de Economía Política" (***) da en su última tesis una explicación de dos caminos posibles a seguir por la humanidad; la Postmodernidad y la Transmodernidad.

En un futuro de post modernidad, lo expresa como un camino con las mismas estructuras socio-económicas que las actuales, haciendo únicamente ligeras modificaciones al capitalismo moderno para mantener con vida a este sistema caduco y degenerado, pero el sistema seguirá al borde de la muerte por el deterioro tan tremendo que intrínsecamente genera a la naturaleza y al medio ambiente. El otro camino es la Transmodernidad donde el Doctor da ideas generales de cómo pudiera ser éste, diciendo que es otra vía donde el ser humano se libera de las categorías filosóficas eurocéntricas que lo considera un ser animalesco más o menos racional que merece únicamente ser tomado en cuenta como un apéndice del capital, y sin derecho a nada digno del ser humano. Y al liberarnos de estas cadenas, que son ataduras crueles y despiadadas, nos muestra la Transmodernidad que dignifica por primera vez al ser humano como un ser libre que piensa, que tiene sentimientos, emociones de tristeza y alegría y grandes deseos de alcanzar la felicidad. (****).

De aquí viene la necesidad de forzar nuestras mentes para eliminar toda restricción y todo condicionamiento mental que nos han metido hasta el tuétano las estructuras educativas y los medios de comunicación capitalistas, para entrar ahora en un mundo nuevo lleno de sorpresas, de innovaciones tecnológicas que nos brinden la

*(CONHEG – 1; BUCI - 1)
**(SEMAT – 1; SEMAT – 3; INTYNEWS – 1)
***(OMSEP – 4)
****(ENRIDU – 1)

oportunidad de desarrollar nuestras capacidades latentes, de crear por ejemplo nuevos lugares para vivir completamente diferentes a los actuales como pueden ser pequeñas ciudades tipo zonas hoteleras techadas de primer nivel que sean altamente tecnológicas, cómodas, acogedoras, llenas de hermosos jardines con cenzontles amenizando; todo controlado por sistemas cibernéticos para que el ser humano tenga tiempo de llevar una vida digna y placentera, reduciendo paulatinamente las jornadas de trabajo de ocho a seis horas, de seis a cuatro y por último que con dos horas de servicio a la comunidad diaria tengas derecho a disfrutar del paraíso terrenal que con nuestro esfuerzo e imaginación podamos construir.

Estamos actualmente en el momento preciso a nivel cósmico para lograrlo, y también nos están ayudando las circunstancias mundiales de la pandemia, para iniciar el cambio con una visión hacia la Transmodernidad, de tal manera que se logre un alto nivel de bienestar y logremos algún día que, tanto el hombre como la mujer, tengan todas las posibilidades de llegar a ser seres humanos virtuosos.

Terrenalmente, gracias a muchos años de esfuerzo continuo y esmerado de muchos hombres y mujeres con espíritu crítico y que inclusive han dado su vida, hemos alcanzado las condiciones propicias para generar algo contundentemente nuevo y diferente a lo actual.

Esta nueva forma de ver las cosas, para el caso de México, considero que pueden tener el respaldo del actual gobierno del pueblo que está dispuesto a realizar un cambio de régimen y ser ejemplo a nivel mundial. (*) Pero como lo ha dicho reiteradamente este gran luchador social - La cuarta transformación será tan profunda y tendrá el alcance que el pueblo mexicano desee-. Y s i el alcance o visión actual del presidente electo y su gobierno es alcanzar únicamente una post modernidad, en el pueblo está impulsarlo y animarlo para dirigirnos hacia una trans modernidad.

Por otro lado cabe señalar que este trabajo, aunque no tenga la estructura de una investigación científica como tal, s i es un trabajo de investigación cualitativa de largo plazo, que contiene más de cuarenta años de reflexión y análisis de vivencias y experiencias adquiridas a lo largo de toda la vida del autor; aunque también ha sido inspirado por las formas de pensar de algunos personajes de la vida política, filosófica y de la nueva era.

La redacción de este trabajo está adaptada para que pueda ser leída por cualquier persona, y así tengan en este libro la posibilidad abierta y sin límites de adherirse a un cambio radical del sistema socio -económico y cultural en que vive actualmente la sociedad mexicana.

Por lo general, los políticos, los economistas, los medios de comunicación e inclusive las actuales redes sociales, están enfrascados en hablar de asuntos generales que son llamativos para la gente como: Proyectos sociales a gran escala, conflictos armados, grandes decisiones gubernamentales, asuntos macro económicos, etc. Les hacen críticas a los escándalos de los diversos personajes de la política y la farándula, a los grandes empresarios, inclusive se habla de los narcotraficantes y sus tropelías. Todo esto como si con este gran esfuerzo de comunicación sirviera para resolver lo que verdaderamente les importa a las personas de a pie, que es resolver sus problemas cotidianos.

En este libro se habla y se plantea precisamente de cómo poder resolver, de una vez y para siempre, de todo aquello que nos aqueja a los que vivimos en este planeta tierra. Se hace una crítica de la forma cotidiana de vivir en esta modernidad, y a su vez se diseña un nuevo proyecto de vida completamente diferente al que sufrimos en el presente, y gracias a la Ingeniería Industrial, se propone el procedimiento para llevarlo a cabo.

Todo esto respaldado por una investigación cualitativa tipo observación directa de más de cuarenta años por parte del autor, que ha sido enriquecida últimamente por el acervo cultural que se genera al aprovechar las nuevas tecnologías cibernéticas como son los videos de YouTube, donde grandes personajes de la filosofía, de la política, de la sociología, etc., exponen sus más geniales conocimientos, así como también videos de los llamados Youtubers , que suben a esta plataforma , muy buenas investigaciones, que inclusive serán sugeridas después de hablar de los diversos temas que abarca este libro.

Por último cabe señalar que es momento de ya no soportar más este sistema socio-económico que está padeciendo la humanidad a nivel mundial, ya que es un sistema tan caduco y degenerado que tiene al ser humano tan adormilado y con tanta ignorancia política, que somos capaces de otorgarle cándidamente a infinidad de sociópatas, mediante el voto, el poder absoluto de obligarnos a encerrarnos en nuestras casas, de impedirnos trabajar, de decretar "Toque de Queda", y hasta de exigirnos el uso de un instrumento que impide nuestra sana respiración; todo esto apoyado por el miedo y s i no por las fuerzas armadas policiacas y militares. Ya lo único que falta es que permitamos que nos impongan un "Estado de Excepción Mundial".

La Transmodernidad no es otra cosa que el planteamiento de un nuevo régimen alternativo que le hace contrapeso al régimen capitalista actual, es decir, la Transmodernidad es la verdadera oposición que va a ser que el régimen capitalista actual deje de ser tan cruel y despiadado con el ser humano, so pena de irse autodestruyendo hasta su completa extinción.

Ya para terminar la introducción expresare que, si después de haber terminado de leer el libro, no nos atrevemos por miedo a luchar por un mejor país, entonces ya no nos quejemos de llevar una vida miserable y disfrutemos en forma sumisa y obediente la amargura del Nuevo Orden Mundial.

INDICE

PANORAMA FILOSOFICO ESPIRITUAL

UNA OPCIÓN PARA LA TRANSMODERNIDAD

UNA CRÍTICA AL MEXICO ACTUAL

CONCLUSIONES

PANORAMA FILOSOFICO ESPIRITUAL

Marco Filosófico

Toda transformación social requiere de una base filosófica que la respalde. Uno de los pocos filósofos críticos con que cuenta actualmente la humanidad, sustenta teóricamente las bases para entender, que es momento de trascender el sistema capitalista y generar otro nuevo en aras de salvar los reinos vegetal, animal y humano, dadas las evidencias tan tremendas y crueles que se han presentado en estos últimos tiempos de destrucción y muerte de los endebles ecosistemas que sustentan la vida en la tierra. (*)

Profundizando en su percepción del futuro, volvemos a comentar, para que quede más claro, que maneja dos categorías, la Postmodernidad y la Transmodernidad, significando que la humanidad tiene esos dos caminos futuros.

A mi entender la Postmodernidad significa seguir con los mismos paradigmas que mantienen actualmente este sistema capitalista, únicamente haciendo ciertas modificaciones ligeras o simples adaptaciones para evitar una catástrofe global, pero se continua con el mismo régimen, donde sabemos que se concibe a la raza humana como parte de un mecanismo económico para generar riqueza para la clase pudiente, y donde se requiere cada vez más todo tipo de simulaciones y encubrimientos que impiden que la humanidad se dé cuenta de su verdadera realidad.

Pero existe un plan que el doctor lo expresa como un estado de excepción mundial, que es aún más macabro, elaborado por las élites globales, que es llevar a la humanidad a un nuevo orden mundial, donde ya ha sido y sigue siendo denunciado por muy diversos canales de YouTube, y que incluso lo han pregonado personajes como los últimos presidentes y altos funcionarios públicos de Estados Unidos y de otros países. Dichos videos manifiestan que estratégicamente y en forma lenta están llevando a la humanidad a una nueva forma de esclavitud para los humanos que queden después de aplicar las diversas formas de exterminio masivo que se han llevado a cabo, que

*(CAROMETOCH – 1)

se siguen haciendo, como la guerra bacteriológica del COVID 19 en contra de la humanidad, y que se seguirán haciendo hasta lograr la cantidad que ellos consideran correcta para sus nuevos fines.

Y la Transmodernidad significa la desaparición paulatina pero completa del sistema socio-económico actual que, dicho sea de paso, impone una percepción eurocéntrica del mundo y que niega sutilmente a todo lo que tiene que ver con la vida fuera de la raza blanca europea. El Doctor explica que, sin que se hayan dado cuenta las otras razas de éste planeta, la concepción europea del mundo ha tenido una influencia tremenda en la historia, la cultura y la ciencia que maneja toda la humanidad, la cual debe ser delimitada para dar paso a un resurgimiento y valorización de todas las demás culturas que viven desanimadas en este planeta como son las diversas culturas prehispánicas de América, la cultura china, la hindú etc.

El doctor llega hasta la explicación de la necesidad de un cambio radical, y nos da entonces la oportunidad de que, cualquier persona dé alternativas de cómo podría ser la vida en la Transmodernidad, que nos lleve, como él lo ha indicado, a poner al ser humano como protagonista de una nueva historia y no como un simple apéndice del capital y además, que nos lleve paulatinamente a un estado de plena libertad; y el que suscribe añadiría, una libertad requerida para desarrollar todos nuestros potenciales intrínsecos como seres humanos, que nos lleve a la posibilidad de tener tiempo para alimentar nuestra curiosidad, cumplir nuestros deseos como vencer desafíos, y descubrir una infinidad de secretos que la naturaleza y el universo pacientemente espera a que los develemos. Un nuevo sistema que nos lleve a descubrir quiénes somos, de dónde venimos y hacia dónde vamos, y porque no, tener la posibilidad de elevar nuestro nivel de conciencia para tener un comportamiento amoroso y desarrollar nuestra tecnología al grado de poder estar en contacto con otras civilizaciones interestelares nobles, que quizá ya están aquí, pero como nuestro comportamiento es aun primitivo, no se atreven a un contacto oficial; dicho en otras palabras, que tengamos la posibilidad de que entre todos logremos un continuo crecimiento en nuestro nivel de bienestar y el desarrollo de nuestra propia virtuosidad.

Todo el conocimiento que el ser humano ha registrado hasta nuestros días no es más que la punta del iceberg de todo lo que tiene derecho a saber, pero las súper elites no permiten que sepamos más de lo que ellas determinan; como ejemplo de esto, está lo que han tildado siempre de satanismo, magia negra o charlatanería, pero como lo dice claramente Nikola Tesla "La física se extiende más allá de lo que es conocido científicamente hoy en día. El futuro mostrará que lo que ahora llamamos ocultismo o supernatural, se basa en una ciencia aun no desarrollada". (*)

Varias corrientes de pensamiento que han resurgido con más intensidad en estos últimos tiempos gracias al Internet son las llamadas de la Nueva Era, muchas de estas corrientes también tienen el propósito de realizar transformaciones sociales para alcanzar la unión, la paz y la armonía entre los seres humanos promoviendo la evolución espiritual en forma individual mediante la interiorización, pero desafortunadamente no tomar en cuenta las condiciones en que se encuentra el individuo; ahora sabemos que el comportamiento del ser humano depende en gran medida del medio ambiente y de las condiciones familiares, sociales y económicas en que se desenvuelve.

De allí la necesidad de cambiar completamente el sistema socio - económico en que nos encontramos, si no queremos que el ser humano continúe manifestando sus más mezquinos instintos porque, ya se ha demostrado también, que el ser humano tiene la capacidad genética de comportarse con bondad pero también con maldad.

*(UNINSYOUESP – 1)

Capítulo I.2

Propuesta de Introducir la Ingeniería industrial en el gobierno

Inicialmente este trabajo iba a ser mi tesis de titulación para la carrera de Ingeniería Industrial, pero dadas las circunstancias que generó el COVID 19, se pospondrá para otra mejor ocasión, pero aun así, en este libro se hablará un poco de dicha ingeniería.

Una de las finalidades de este trabajo es sugerir que la Ingeniería Industrial puede colaborar de una forma sustancial al desarrollo de la cuarta transformación. Para entender cómo puede lograrlo, previamente vamos a dar una breve descripción de lo que hace un ingeniero industrial, que es: analizar el funcionamiento de una organización, detectar problemas y proponer soluciones, optimizar procesos productivos y de servicios, cuenta también con la capacidad de crear y desarrollar nuevas empresas de cualquier índole.

El actual presidente electo ha propuesto a los mexicanos sus legítimas aspiraciones de lograr lo que él llama La Cuarta Transformación, este concepto enmarca un gran contenido, siendo muy laborioso y amplio de describir, y no nada más porque se refiere a una transformación radical y profunda de todo un país con 130 millones de habitantes, sino también porque inicia este cambio en un contexto mundial muy problemático y altamente confuso y contradictorio, aunado a un conservadurismo sumamente arraigado y perverso de personalidades que tuvieron poder político y empresarios con gran poder económico en nuestro país, que bloquean terriblemente el camino para alcanzar dicha transformación.

En la actualidad, la gran mayoría de profesionistas que se encuentran en cargos directivos y en la toma de decisiones dentro del gobierno, son licenciados en derecho, hipotéticamente hablando

¿Qué pasaría si entraran a sustituir a esas personas ingenieros industriales? Según las capacidades adquiridas en la carrera los ingenieros industriales ¿Podrían hacer mejor el trabajo que como actualmente se hace? Para el cumplimiento de proyectos yo pienso que s í, aunque se dejaría las decisiones del bienestar que se entregan al pueblo, para los políticos y sociólogos honestos, pero para la preparación con que cuentan los Ingenieros Industriales, pienso que s i estamos aptos para entender y definir este gran proyecto y poderlo apoyar, conducir, guiar y l levarlo a buen término, utilizando las diversas técnicas científicas de esta profesión, además que sería un gran reto, imposible de rechazar y de volverse indiferente a nte esta majestuosa odisea.

Dada la naturaleza de esta Ingeniería, tengo la convicción de que este gran proyecto, en manos de una agrupación, con una buena cantidad de ingenieros industriales podría, en forma creativa, sistemática, organizada, disciplinada, optimizando procesos etc., aportar un gran apoyo para alcanzar grandes metas, estableciendo una visión tan amplia como se quiera, dirigida hacia esta transformación que México tanto necesita.

Con el ánimo de aportar un granito de arena a la cuarta transformación, realicé este trabajo encaminado a presentar, apoyándome de la interpretación que tengo de la teoría filosófica del Doctor y con una experiencia de casi cuarenta años, una opción para la Transmodernidad, aportando también una crítica al México de hoy, desde antes y después de la pandemia.

A s imple vista este trabajo no se refiere a algún tema propio y tradicional que s e ven cuando uno estudia la carrera de ingeniería industrial, es to se debe a que los conceptos que se manejan en esta disciplina los estoy aplicando con una perspectiva mucho más amplia, futurista e innovadora que inclusive s e podría pensar en realizar una nueva especialidad dentro de esta disciplina que vaya enfocada al desarrollo de nuevas formas de vida para el ser humano tomando en cuenta, ahora sí, la conservación de la vida del planeta, ya que gran parte de la culpa del deterioro que tiene el mundo, es debido a las exigencias que ha tenido la ingeniería industrial para cumplir con el aumento de la tasa de ganancia de las empresas productivas. De allí mi propósito de que una nueva forma de poder ver a la Ingeniería Industrial, esté mencionada en este trabajo para que al menos sirva de inspiración a las presentes o futuras generaciones que estén interesadas en buscar nuevas aplicaciones de esta fructífera carrera.

Cabe mencionar también que, si la máxima aspiración que tiene el actual presidente es de acabar con la corrupción, como lo ha expresado en infinidad de ocasiones en sus múltiples presentaciones públicas, y además tiene la intención de hacer más eficiente la función pública , no es posible llevar a buen término estas grandes aspiraciones en un plazo razonable, si no es con el apoyo de todas las técnicas probadas de la Ingeniería Industrial, o dicho de otra manera; aplicando la Ingeniería Industrial en este magno proyecto de la cuarta transformación, sería más factible obtener logros significativos .

Ahora, lo que vale la pena aclarar es que; aparentemente sería correcto aplicar la Ingeniería Industrial con más profundidad en el actual gobierno, pero debemos tener cuidado en las proyecciones, visiones o metas a alcanzar, puesto que, si queremos perfeccionar el Estado Mexicano dentro del mismo sistema capitalista, lo único que alcanzaremos es más rápidamente nuestra destrucción, como lo demostraré más adelante. Lo importante es llevar a nuestro país a una Transmodernidad como lo expresa el doctor para que después sea un ejemplo a seguir para el mundo.

Capítulo I.3

Un Análisis Científico-Espiritual

¿Tendrá algo que ver la Ingeniería Industrial con el camino espiritual? Aparentemente no, pues la Ingeniería Industrial es una disciplina científica, es decir, se basa en el método científico para descubrir la verdad material aplicando los pasos de la observación, la experimentación, la hipótesis y la teoría. Por otro lado, el camino espiritual es una senda inmaterial que todo ser humano tiene que andar por más materialista que sea, intuitivamente o con plena conciencia, en todo el andar de su vida.

Por más que la mente científica pregone que únicamente existe lo que percibimos con nuestros cinco sentidos físicos, conforme se va avanzando en el descubrimiento de cada vez más sutiles manifestaciones de la naturaleza, este precepto queda en ridículo, puesto que primero niega algo que posteriormente irremediablemente tiene que aceptar; entonces podemos deducir que el método científico es auto l imitante, puesto que hasta que no se den las condiciones tecnológicas para comprobar nuevos descubrimientos, niega la existencia de lo que no puede comprobar, y eso afecta terriblemente el avance evolutivo de la humanidad; y entonces ahora entendemos porqué los gobiernos de todo el mundo se excusan en la ciencia para no aceptar manifestaciones evidentes de ciertos fenómenos sorprendentes que despertarían la conciencia de la gente y aceleraría su nivel evolutivo.

Afortunadamente, a cada vez más personas les importa un bledo l a s l imitaciones científicas cuando ellos tienen una vivencia fuera de l o común, la aceptan y muchas veces le dan un giro a su vida entorno a esa experiencia, otros, desde muy corta edad, aceptan ideas y reconocen la existencia de fenómenos por encima de l o que pueden ver s us cinco s entidos físicos.

Para el que suscribe, se le hace muy lógico y entendible que los cinco sentidos físicos del ser humano tienen cierto rango de percepción (cosa que ya está muy bien comprobado por la ciencia y por s imples personas con sentido común) de allí la necesidad de usar equipos accesorios para permitirnos ver más allá de nuestra nariz, como lo es el microscopio y el telescopio por dar algún ejemplo sencillo; entonces es i lógico retrasar nuestro avance en el despertar de la conciencia hasta que los gobiernos permitan tal o cual manifestación de realidades sobrenaturales. Es como si la hormiga tuviera consciencia y aceptara que la única existencia es la que puede percibir con sus l imitados ojos o con sus antenitas.

Con el fin de estructurar una nueva forma de vivir para el ser humano, es forzoso (desde el punto de vista científico y por tanto desde el punto de vista de la Ingeniería Industrial) estudiar y determinar con mucha precisión la materia en cuestión, en este caso es el ser humano, pero curiosamente, el ser humano no es un s imple cuerpo, ni un s imple animal, como lo justificó la filosofía eurocéntrica en la época de la invasión española de América, ni tampoco es una simple máquina, ni cualquier substancia, ni un s imple animal descendiente del mono; es un ser vivo que piensa, siente, manifiesta emociones como la alegría y la tristeza, y aunque se incomoden los de mente materialista, pienso que tenemos que reconocer que, en su interior tienen una materia viva muy sutil o una energía sublime que se le ha dado el nombre de alma, que pertenece a un espíritu con capacidad de evolucionar, ya que pertenece a un universo de terminación abierta según un doctor en filosofía (*); por tanto, es algo muy especial que merece respeto y consideración; entonces, para diseñar algo adecuado para estos seres, se tienen que tomar en cuenta en forma integral, y no como un componente más del capital, como lo están manejando ahora los sectores pudientes nacionales e internacionales.

Entonces vemos ahora porqué, la Ingeniería Industrial tiene que ahondar en el conocimiento del camino espiritual del ser humano, porque si no, diseñaríamos algo completamente inadecuado e inhumano; como lo vemos actualmente en el mundo, gracias a que el eurocentrismo negó la vida humana fuera de la raza blanca, ahora el resto del mundo cuenta con un diseño de vida para el ser humano cruel

*J. J. Hurtak

y despiadado, lleno de guerras, hambre, pobreza, muerte sin piedad, contaminación desmedida etc., que desafortunadamente seguiremos teniendo si nuestro futuro es la Postmodernidad.

Por último, para conocer un poco más del ser vivo mamífero con un componente sutil capaz de evolucionar, que se llama "ser humano", me veo obligado a compartir cierta información de un libro (*) escrito por un ingeniero petrolero, que según él recibió esta información de seres de civilizaciones cósmicas que nos visitan para ayudarnos a lograr la evolución espiritual.

Como vimos, una de las cualidades del cuerpo físico, es que tiene otro ser vivo muy sutil en su interior, y que tiene la capacidad de evolucionar, porque dicho ser pertenece a un universo de terminación abierta. Entonces nos podemos preguntar ¿Que es evolucionar? Para contestar tal pregunta, transcribiré tal cual la información antes citada.

PROCESO EVOLUTIVO DEL ESPÍRITU

1.- Apoyo material en el animal:		Simio
2.- Primer plano de ser humano:		Humanoide
3.- Segundo plano de ser humano		Cavernícola
4.- Tercer plano.	Primer nivel:	Hombre
5.-	Segundo nivel:	Súper hombre
6.- Cuarto plano.	Primer nivel:	Supra hombre
7.-	Segundo nivel:	Semi Dios
8.-	Tercer nivel:	Maitreya
9.- Quinto plano.		Ingenieros cósmicos
10.- Sexto plano		Ingenieros biólogos

*La Respuesta (Pablo E. Hawnser)

11.- Séptimo plano. Primer nivel: Monitor planetario

12.-   Segundo nivel   Monitor solar

13.-   Tercer nivel   Monitor galáctico

Si gustan ahondar más en el tema, remítanse al texto que está en Internet, lo único que les puedo comentar es que, según el actor, actualmente estamos en el tercer plano, primer nivel, es decir, en el nivel de hombre, nuestro siguiente escalón evolutivo como espíritu es el de súper hombre, que a mi entender, únicamente lo podremos lograr en la Transmodernidad, porque en la Postmodernidad atrasaríamos o detendríamos tremendamente nuestra evolución.

Capítulo I.4

El Comportamiento Humano

A lo largo de la historia, siempre ha habido estudiosos que han escudriñado en las causas que generan los diferentes comportamientos humanos, para mí no hay mejor forma de saberlo que estudiando una de las ciencias más antiguas de la humanidad: La Astrología. (Ir a www.grupovenus .com)

Aquí, no se dará ni un bosquejo de ésta por demás interesante disciplina, pero sí daré algunas reflexiones en cuanto al comportamiento humano, de hecho, lo que voy a exponer a continuación, todo ser humano lo percibe a diario, simplemente lo presentaré en forma ordenada y simple.

Toda persona cuando está contenta, su comportamiento es, por lo general, muy agradable, cordial, amistoso, y cuando la misma persona, por algún motivo está molesta, incómoda, estresada, su comportamiento es, desagradable, de enojo o ira, grita, regaña, es grosera, agresiva etc.; estamos viendo dos caras de la misma moneda.

Si profundizamos un poco más en la realidad mexicana, nos daremos cuenta que, en este sistema capitalista feroz e inhumano, se dan todas las condiciones para que las personas estén, la mayor parte del tiempo, molestas, incómodas y estresadas; principalmente debido a las exigencias económicas, y por tanto, de una o de otra manera, emana energía negativa con su ira o enojo manifestándose en griterío, regaños, groserías, torpezas, actos antisociales, etc. Pero no para ahí la situación, este mismo sistema genera miedo al ser humano, pues vivimos siempre con la angustia, preocupación, miedo y estrés desde el recién nacido cuando está en un ambiente agresivo, hasta el anciano que ya no puede valerse por sí mismo y lo desprecian y abandonan.

En todas las edades de los seres humanos existen condiciones sociales para sentir preocupación, es decir miedo; miedo a los exámenes, miedo a la represión por parte de los padres, miedo al embarazo no deseado, miedo a no encontrar trabajo, miedo al despido injustificado, miedo a quedarse sin trabajo, miedo al qué dirán, miedo al ridículo, miedo a exigir tus derechos constitucionales, miedo a quedarse sin vivienda, etc., etc. Tal parece como si dioses malignos hubieran diseñado este sistema de emanación de energía negativa para nutrirse de ello.

Si queremos que todo lo anteriormente expuesto desaparezca del planeta tierra, tenemos que erradicar el sistema capitalista por completo. Recordemos que el Doctor expone dos opciones futuristas: la Postmodernidad donde todo sigue casi igual, y los cambios son únicamente para seguir manteniendo este sistema perverso, y la Transmodernidad donde todo el régimen socio-económico cambia por completo.

Este trabajo está expresamente pensado para buscar la última opción, la de la Transmodernidad, donde lo principal, lo importante, lo esencial, es el ser humano y no el capital, como existe actualmente.

Para que el ser humano se mantenga emocionalmente positivo con un comportamiento correcto, sano, agradable y socialmente aceptable, debe vivir, para empezar, en un ambiente igualmente sano, agradable, limpio, moderno, confortable etc., y para ese fin se propone en este libro, el diseño de pequeñas ciudades, con alrededor de mil habitantes cada una, con una estructura tipo hotel, pero de uso permanente, similares a como existen actualmente en los grandes centros turísticos, así como todo un sistema educativo y cultural para establecer un constante progreso personal y por último un sistema productivo que genere riqueza y bienestar a sus habitantes.

Con respecto al comportamiento humano también es menester señalar que siempre han existido a nivel general dos clases sociales con comportamientos diferentes que Carlos Marx llamó burguesía y proletariado, pero que actualmente se les define como los conservadores y el pueblo, o como los de derecha y los de izquierda. Para los fines de este libro, debemos entender que las personas con tendencia hacia la izquierda son aquellas que buscan el bienestar del pueblo, consideran que el pueblo debe ser libre y soberano, buscan que su gobierno sea justo e igualitario y que les proporcione las condiciones necesarias para ser felices. Generalmente son personas que pertenecen a ese estrato social llamado pueblo.

Las personas con tendencia hacia la derecha son aquellas que consideran que el pueblo está a su servicio, que es correcto que haya división de clases sociales, generalmente son descendientes de razas blancas europeas. Esta clase pudiente considera que está bien que haya pobreza y riqueza, teniendo ellos el derecho de disfrutar la riqueza. El los consideran que el pueblo es pobre por corriente, flojo e ignorante y por eso merecen estar en esa condición, inclusive se justifican diciendo que Dios así lo dispuso.

Capítulo I.5

Los Opuestos en la Conducta Humana

Muchas especies de seres vivos de este planeta tienen el instinto de manejar dos comportamientos, el agresivo y el pasivo; el ser humano, aunque es un ser racional, también presenta estas dos conductas: una conducta noble, amorosa, pacífica, serena, tolerante, paciente y la otra agresiva, cruel, despiadada, miserable, déspota, grosera, vil, etc. Desde el inicio del cristianismo se califica a la primera como una conducta divina o de Dios, que en la actualidad se dice que es una conducta correcta y a la segunda como una conducta diabólica o del Diablo, dándole el sentido actual como una conducta incorrecta, esto quiere decir que desde los albores de la humanidad, el ser humano siempre se ha manejado de estas dos maneras. Ahora la pregunta es ¿En qué momento o bajo qué circunstancias el ser humano se comporta de una manera o de otra? Existen infinidad de teorías al respecto, pero como ingeniero industrial que desea proponer un nuevo sistema de vida para la humanidad, tengo la necesidad de conocer lo más posible esta paradoja.

Por tal motivo investigué lo que estuvo a mi alcance para conseguir alguna respuesta confiable, pero dio la casualidad que a nivel científico, esta pregunta nunca ha sido contestada contundentemente, se dan teorías y teorías pero para mí ninguna certera.

Entonces me di a la tarea de buscar en lugares poco ortodoxos y, por extraño que parezca, encontré toda una explicación certera, confirmada, prácticamente científica, de un sistema cósmico perfectamente estructurado que da explicación de las causas de las diversas formas de comportamiento del ser humano.

Esto se puede determinar, haciendo un cálculo matemático

graficado de la posición de los cuerpos celestes en la bóveda interplanetaria del lugar donde se encuentra la persona, en el momento del nacimiento (se llama mapa natal o astral), esto demuestra que recibimos influencias de energías cósmicas, que afectan al ser humano y a todo lo existente en este planeta, que se empieza a manifestar como una impronta en el momento que se inicia un hecho y si sabemos perfectamente, científica y por sentido común, que el Sol y la Luna influyen a todo lo que existe en el planeta a pesar de su gran distancia ¿Por qué no lo habrían de hacer otros cuerpos celestes?

Según esta ciencia misteriosa, que inclusive fue usada por las élites del mundo antiguo y las del presente también, el comportamiento humano depende, por un lado, del plan cósmico del alma que se encuentra dentro del cuerpo físico, con el objeto de que el espíritu, propietario de dicha alma, evolucione; y por el otro, del nivel evolutivo de dicho espíritu, de tal manera que aún los gemelos o cuates, que nacieron en igualdad de circunstancias, pero con diferentes niveles evolutivos de sus espíritus, su comportamiento, gustos etc., pueden ser diferentes.

En forma resumida, esta ciencia ancestral expresa, que el principal motivo de todas las almas encarnadas, en los diferentes planetas del universo, es la adquisición de experiencias vividas en el cumplimiento de determinados propósitos, pues es lo único que se van a llevar después de desencarnar. Otro motivo es llevarse el avance alcanzado, por el esfuerzo de trabajar en un buen comportamiento, en beneficio de la sociedad a la que pertenece, de esa manera, eleva su nivel vibratorio, lo que los cristianos llaman acercarse a las cualidades divinas, con su correspondiente recompensa. O también puede ser que el alma trabaje para un mal comportamiento, perjudicándose a sí misma y a su entorno social, acercándose cada vez más a una baja vibración, lo que los cristianos llaman acercarse a convivir con los demonios o niveles infernales.

Existen comportamientos correctos que elevan los niveles vibratorios como son: honestidad, respeto a la verdad, fidelidad, sencillez, valor, tolerancia, paciencia, respeto a los demás, cordialidad, amistad, buena voluntad y políticamente hablando buscar hacer el bien al pueblo, luchar por hacer justicia para la gente menos favorecida, ayudar al necesitado, tener misericordia del enfermo, proteger al débil, promover la democracia, estar a favor del pueblo etc. También existen comportamientos incorrectos, que bajan los niveles vibratorios como son: mentir, engañar al prójimo, falsear, la deshonestidad, infidelidad, hipocresía, cinismo, traición, bajeza, ofender, maltratar, calumniar, corromper y políticamente hablando tener desinterés en hacer el bien al pueblo, perjudicar a la población, traicionar los mandatos constitucionales para beneficio personal, estar en contra del pueblo, manipular la información pública para fines personales o de grupo, engañar al pueblo para alcanzar objetivos mezquinos , etc.

En nuestra sociedad mexicana se manejan mucho las expresiones: personas con ideología de izquierda y personas con ideología de derecha, no es difícil saber en qué categoría caen cada uno, conociendo el comportamiento de las diferentes personalidades políticas, empresariales, mediáticas, civiles etc., tomando en cuenta que los de izquierda sirven al pueblo y los de derecha se sirven del pueblo.

En general vemos que, según lo expresado más arriba, el comportamiento del ser humano va de acuerdo a su nivel evolutivo, entre más evolucionado es una persona, su comportamiento es más sensato, más noble, más ecuánime, y entre menos evolucionado, su comportamiento es más salvaje.

Viendo esto y en base a la experiencia que tenemos todos, nos damos cuenta que, aparentemente, las personas con ideología de derecha es gente pudiente, poderosa, adinerada; y la gente con ideología de izquierda es gente del pueblo, asalariada; pero muchas veces sucede que gente del pueblo, que se supone tiene una ideología de izquierda, si por algún motivo, llega a tener dinero, toma actitudes de personas de derecha y a la inversa, personas adineradas, por alguna circunstancia, su pensar es de izquierda.

Las corrientes ideológicas de la Nueva Era, manejan que en la entrada de Acuario, el planeta tierra irá elevando su frecuencia (como lo está demostrando la Resonancia Schumann) y es menester que el ser humano haga un esfuerzo para hacer lo mismo, de tal manera que, paulatinamente el planeta se transforme en un planeta de paz y amor para la humanidad, con la conciencia, de que la derecha y la izquierda se complementan, no se excluyen, y que ambas experiencias son importantes para el desarrollo del espíritu.

En síntesis, ya sea con ideología de izquierda o de derecha, ricos o pobres, con poder o sin él, el objetivo de la vida es realizar esfuerzos para ser mejores personas, pero para lograrlo, depende mucho del medio en que te desenvuelvas, de allí la necesidad de materializar el sueño de la Transmodernidad, apoyada de la Ontocracia, pues se establecerían las condiciones ideales para lograrlo. (*)

*(IREDRA – 1)

Capítulo I.6

Crítica, autocrítica y critiquizar

El manejo de la crítica, todo mundo lo ejerce, es conveniente re direccionarla para que sus fines sean positivos y generen progreso. A mi parecer, la mejor definición de criticar es: examinar y juzgar una cosa, especialmente para determinar su bondad, verdad o belleza, o para denunciar su maldad o perversidad; a esto podemos agregar, que el crítico debe limitarse a resaltar lo positivo y desvelar lo negativo. Como vemos, esta palabra tiene intrínsecamente un equilibrio para evitar la destrucción, la mala intencionalidad y el rechazo tendencioso.

Los políticos que se expresan con una actitud negativa para menospreciar al supuesto contrincante por fines partidistas, así como cualquier persona que quiere fastidiar a otra, ofenderla, incomodarla, no es correcto decir que critican a tal o cual persona o situación, la palabra correcta ante esto es "critiquizar", que quiere decir atropellar, abusar, censurar, reprochar, ofender o exceder a la crítica traspasando su justa medida. Esto es completamente opuesto a lo que se pretende con la acción de criticar.

El critiquizar debe ser eliminado por una sociedad que pretende mejorar su calidad de convivencia, y no debe ser considerado como libertad de expresión, ya que el critiquizar es una acción que daña y perjudica a otra u otras personas como cualquier otro acto considerado como delito.

Una de las formas más adecuadas para el progreso personal y colectivo es la llamada autocrítica, que es la observación de cada uno de nuestros pensamientos o actos en cada momento de nuestra existencia para ser comparados con los cánones o valores que rigen a la vida humana.

En las Cámaras Legislativas debería prohibirse la argumentación erística (*), pues daña el legítimo propósito de hacer el bien al pueblo, en el menor tiempo posible; se la pasan, la mayor parte del tiempo, argumentando estupideces, con tal de fastidiar al otro. Únicamente debería autorizarse la argumentación coalescente. (**).

UNA OPCIÓN PARA LA TRANSMODERNIDAD

Capítulo II.1

La Pirámide de las Necesidades Humanas

Al pensar en proponer una nueva forma de vivir para los seres humanos, se hace necesario que inicialmente se le conozca, con la finalidad de estructurarle un sistema que vaya acorde con su esencia, sus aspiraciones legítimas, sus anhelos, sus necesidades físicas, emocionales y espirituales, situación que los gobiernos debieron de haber pensado desde hace siglos y no considerarlo como un animal que sirve para ser esclavizado, como siempre ha sido hasta estos momentos. Una de las personas que supo entender con más claridad, la esencia del ser humano, es un psicólogo humanista estadounidense, que en 1943 entregó su obra titulada "Una teoría sobre la motivación humana", donde expone una teoría psicológica integrada a la economía individual y a las necesidades humanas, pensada en jerarquías, formando una pirámide como la siguiente:

Aquí vemos que las necesidades humanas van: desde las necesidades fisiológicas más elementales hasta las necesidades más sublimes o espirituales de autorrealización.

Esta pirámide demuestra que para poder satisfacer las necesidades de un peldaño superior, es necesario cumplir con las necesidades inferiores, y si el ochenta por ciento de la población mundial, no puede satisfacer ni siquiera el peldaño base, nos damos cuenta que el sistema actual capitalista es un verdadero fracaso.

Para el establecimiento de la Transmodernidad, se requerirá seleccionar lo más valioso del conocimiento total de la humanidad que hasta estos momentos posee, para poder llevar a todo ser humano a alcanzar plenamente lo más alto de esta pirámide, situación que difícilmente algún ser humano ha podido alcanzar en estos momentos. (*)

*(XAVIBOSS — 1

Principios y fundamentos de la Transmodernidad

Posiblemente nadie se ha cuestionado quién fue el creador y desarrollador del sistema capitalista; los eurocéntricos consideran que se inició con la revolución industrial, para el Doctor la modernidad inicio con la conquista de la Nueva España; pero que alguien haya investigado y descubierto quién estructuró, pensó, imaginó los alcances de este sistema, nadie lo ha hecho, el Doctor maneja la idea de que las cosas se fueron dando en forma natural y ha culminado en guerras, destrucción, contaminación ambiental, pérdida de valores, explotación del hombre por el hombre etc. etc.

Para mí, ya sea que este sistema se haya desarrollado en forma natural o haya sido pensado, diseñado o estructurado por dioses o entidades oscuras, como lo describe un YouTuber (*) en sus videos, lo cierto es que este sistema socio-económico genera miedo, sufrimiento y dolor para el ser humano. Pero con el nivel evolutivo que ha alcanzado ya la humanidad es momento de hacernos una pregunta ¿La humanidad ya tendrá la capacidad de diseñar y construir un nuevo modelo socio-económico completamente diferente al actual, donde se tome en cuenta al ser humano como lo más importante, lo más valioso y deje de ser un apéndice del capital?

Uno de los jóvenes más sobresalientes de la Argentina actual (**) maneja lo que él llama "La Ontocracia" que es un camino de auto perfeccionamiento que consiste en trabajarnos a nosotros mismos con la finalidad de evolucionar, es decir para elevar nuestro nivel de conciencia, logrando con esto las bases para desarrollar un sistema socio-económico mucho mejor que el actual. A mi parecer debe ser al revés, es decir, primero debemos establecer las bases materiales idóneas para después desarrollar la Ontocracia.

Así mismo, Matías tiene presentado en varios videos (***) su visión de los principios en lo que podría sustentarse una nueva

*Gerardo Amaro
**(MATSTOF –1)
***(FUNARA – 1

humanidad, desarrollando al ser, a partir de la comprensión de la relación que existe de las siete glándulas principales del cuerpo humano con los siete chacras de la estructura almica en el cuerpo físico, y socialmente hablando lo hace coincidir, con siete sistemas del desarrollo de nuestra sociedad que son: agricultura, cultura, tecnología, economía, educación, política y espiritualidad.

Esta visión convendría ser estudiada, una vez instaurado el nuevo régimen de la Transmodernidad, porque tiene fundamentos que coinciden perfectamente con la ideas de este nuevo camino, generándose así un enriquecimiento creativo de los nuevos pensamientos que tendrán cabida en lo nuevo que se viene.

Citando nuevamente al Doctor, él también presenta la necesidad de realizar una transformación socio-económica del planeta, inclusive ha desarrollado la teoría de la liberación para comprender la esclavitud física y mental en la que nos ha mantenido la raza blanca europea contenido en lo que él llama Eurocentrismo. (*) Allí expone la necesidad de liberarnos de esas ataduras y diseñar un nuevo sistema de vida que él llama, como ya se ha expresado "Transmodernidad".

Aquí cabe señalar que para desarrollar la Transmodernidad, el Doctor presenta la proyección de que eso se va a lograr a futuro apoyándose de todas las culturas fuera del eurocentrismo, es decir, maneja el concepto de Pluriverso. (**)

Otra obra escrita por el Doctor es la llamada "Teología de la Liberación" donde expresa que existe una corriente libertadora al darle una interpretación política a la biblia y a otras fuentes religiosas. (***) .El que suscribe considera que existen otras fuentes de conocimiento emancipador y que están mencionadas en este pequeño trabajo, las cuales son las corrientes espirituales que actualmente, gracias al Internet, se han divulgado ampliamente, como son: La Astrología, la Gnosis, las Claves de Enoc, el proyecto Arsayian, las evidencias de razas extraterrestres presentadas por muchos personajes que hablan de estos temas, y muchos más. Todas ellas con un profundo sentido humano que buscan la emancipación mental y física del ser humano de este planeta,

*(ENRIDU – 3)
**(ESEY – 1)
***(CAN11 – 1

desde diferentes visiones y propuestas, pero todas con el objetivo de despertar la conciencia.

En este sencillo trabajo, también pretendo exponer algunas ideas personales que se podrían tomar en cuenta con la esperanza de alcanzar un fuerte deseo de empezar un cambio verdadero, aprovechando el ímpetu que ha despertado nuestro actual presidente con la llamada cuarta transformación y llevarla hasta alcanzar la Transmodernidad.

Capítulo II.3

Antecedentes

La visión que tengo de la Transmodernidad está basada en mi comprensión e interpretación de las explicaciones que da el Doctor (*) de la vida equivalencial en el paleolítico , donde existían civilizaciones con plenitud de vida y muy poco trabajo , situación que perfectamente se puede tras polar a una Transmodernidad altamente desarrollada, con una economía de la reciprocidad , mediante la gratuidad , dejando atrás el capitalismo perverso e inhumano , pero quedándose con los avances científicos y tecnológicos para comodidad de una nueva civilización . Podemos tomar como ejemplo aproximado, formas de vida actuales en pequeñas localidades del mundo. (**)

En los siguientes capítulos expongo , que para llevar a cabo esta gran odisea de la Transmodernidad , es fundamental abarcar el territorio nacional con pequeñas ciudades de alrededor de un millar de habitantes cada una (como los llamados falansterios de Fourier) ciudades que estén lo suficientemente separadas entre sí , que estén altamente desarrolladas y que exista un intercambio comercial entre ciudades , evitando ya el intercambio personal; con un diseño arquitectónico similar a los grandes hoteles de los centros turísticos , donde se ha procurado acondicionar las instalaciones para pasar unas muy cómodas vacaciones en un ambiente muy agradable , limpio , con bellos jardines , todos los servicios , etc. En un ambiente así, con la eliminación de la propiedad privada, la eliminación de las clases sociales y la desaparición del dinero para evitar el robo del trabajo excedente, se podría lograr que la riqueza del trabajo de los que vivieran en estas pequeñas comunidades se reintegre al beneficio de la misma comunidad, siendo administrada por una pequeña oficina dentro de la misma ciudad. (***)

La riqueza se generaría en torno a un marco ecológico, donde

*(OMSEP - 1)
**(GENIAL – 1)
***(ENRIDU – 2)

lo importante no sería el incremento de la tasa de ganancia , sino la satisfacción plena de las necesidades físicas, mentales y emocionales del ser humano, que en la Transmodernidad, se encaminarían hacia el bienestar y al descubrimiento de sí mismos, de la naturaleza y del cosmos, y no a la satisfacción del apetito de consumir y consumir ; de esta manera lograremos que se ralentice el proceso entrópico al que nos ha llevado el capitalismo.

Capítulo II.4

Principios Éticos en la Transmodernidad

En una sociedad comunal transmoderna es obvio que las personas se tendrán que conducir con elevados principios éticos y morales que producirán un comportamiento altamente desarrollado alcanzando con esto un adecuado nivel de conciencia jamás soñado por la humanidad. Para tal efecto presentaré en forma sencilla, lo que debe significar "elevados principios éticos y morales" auxiliándome de las explicaciones que da el Doctor al respecto. (*)

Iniciaré dando una definición general obtenida de Internet de lo que significa la palabra "ética" y lo que significa "moral"

Ética.- Conjunto de costumbres y normas que dirigen o valoran el comportamiento humano en una comunidad.

Moral.- La moral es un conjunto de normas, valores y creencias existentes y aceptadas en una sociedad que sirven de modelo de conducta y valoración para establecer lo que está bien o está mal.

Desde el punto de vista de la filosofía eurocéntrica, la ética y la moral tienen diferentes significados. La ética está relacionada con el estudio fundamentado de los valores morales que guían el comportamiento humano en la sociedad, mientras que la moral son las costumbres, normas y convenios establecidos por cada sociedad. En un sentido práctico, el propósito de la ética y la moral es muy similar. Ambas son responsables de la construcción de la base que guiará la conducta del hombre, determinando su carácter, su altruismo y sus virtudes, y de enseñar la mejor manera de actuar y comportarse en sociedad.

La diferencia entre los principios éticos y morales dentro del capitalismo y los principios éticos y morales dentro de una sociedad transmoderna radica en que el capitalismo considera al ser humano como un simple apéndice del capital; si no trabaja para el capital es negada su existencia, si no cumple con las normas económicas capitalistas está condenado a la miseria y al rechazo de la sociedad, si

*(OMSEP – 3)

no se desempeña conforme a las leyes vigentes pierde sus derechos constitucionales, pierde su libertad y en muchos países inclusive pierde la vida.

En una sociedad transmoderna lo principal debe ser la preservación de la vida, así el ser humano es considerado como el ser más importante de la creación, merece todo el respeto y consideración por parte de cualquier institución ya que estarían estructuradas y diseñadas para servir al pueblo, toda normatividad ética y moral está enfocada a conducir al ser humano por el camino de la justicia sin castigo alguno, establece el consenso para la toma de decisiones, busca el perfeccionamiento en la convivencia de tal manera que la raza humana se glorifique alcanzando la felicidad.

Cabe enfatizar únicamente, que para el Doctor la ética, más que definir un comportamiento, tiene que ver con que todo acto ético debe ir en torno a preservar la vida, de tal manera que: las profesiones, toda la educación escolar y académica, la ciencia y la tecnología, la cultura etc., deben estar basadas en el nuevo concepto de ética del Doctor, que es lo que se buscaría en la Transmodernidad.

Capítulo II.5

Ciudades Hoteleras Ecológicas

Si nos preguntamos cual es el mejor ambiente para vivir, nadie me podrá negar que son todos los ambientes hoteleros, donde se han diseñado los espacios para brindar belleza a la vista, comodidad, placer, relajamiento, paz y tranquilidad, hay zonas de esparcimiento, áreas para hacer ejercicio, gimnasios, restaurantes, cómodos dormitorios, centros de lavado de ropa, albercas, esplendidas fuentes y hermosos jardines. Es decir, todo acondicionado para tener unos días de descanso sin igual, ¿Y por qué no podemos darnos el lujo de vivir siempre así? Vivir en lugares adecuados para el ser humano le proporcionaría salud física, mental y emocional, se le generaría un comportamiento adecuado hacia los demás, se volvería noble, tranquilo, sencillo, ecuánime, comprensivo, tolerante etc., de tal manera que infinidad de problemas de convivencia desaparecerían. Como pasante de ingeniería industrial recomendaría desarrollar ampliamente este tipo de ambientes y destruir completamente todos los ambientes hostiles, degradantes, malsanos, infernales, contaminantes, individualistas y enfermantes de las grandes ciudades.

Con el objeto de eliminar completamente la fetichización del trabajo vivo (*) y así suprimir el robo de la fuerza de trabajo del ser humano, se podría estructurar una comunidad autosustentable de la siguiente manera: Alrededor de este gran hotel se establecerían zonas de cultivo para el abasto de alimentos frescos orgánicos, árboles frutales e instalaciones adecuadas en el cuidado de animales para el abasto de alimentos de ese reino; alrededor de todo esto, se instalarían los centros de estudio de las ciencias sociales con un verdadero sentido crítico y centros de investigación científica y tecnológica con sentido ético y humano; alrededor de esto estarían los talleres con alta tecnología para mantenimiento de la vi l la y para la fabricación de artículos necesarios como bienes de consumo, calzado, ropa, enceres, muebles para las habitaciones, lámparas, etc.

Y por último existiría lo que podríamos llamar "Frontera de desarrollo regional" donde trabajaría la gente en centros de trabajo con tecnología de punta para la fabricación de productos, que servirían para intercambio entre ciudades mediante los centros de acopio, que generen sustentabilidad y progreso en una economía de reciprocidad, productos diseñados únicamente para la satisfacción de las necesidades físicas, mentales y emocionales de sus habitantes, y la riqueza generada sería aplicada para el bien común de la vi l la. En los centros de acopios estatales y centrales de las grandes ciudades comerciales, únicamente se realizaría la compra -venta al mayoreo, eliminando así el incremento del precio que se da al menudeo.

Cabe mencionar que ciudades circulares como las descritas arriba ya han existido, ejemplo de ésta es la que vemos en las ruinas de la "Atlántida", otra ciudad similar es la que presenta Jack Fresco en su proyecto "El Proyecto Venus", y en el siglo XVII se intentó comunidades similares con los llamados Falansterios de Fourier.

Para el abasto de energía eléctrica de estas pequeñas ciudades ecológicas, tendría que ser completamente autónoma e independiente de las demás, eliminando paulatinamente las grandes centrales hidroeléctricas, para ser sustituidas por generadores de energía eléctrica únicamente para abastecer la ciudad ecológica, que evolucionarían desde las llamadas energías limpias hasta la energía por fisión nuclear. (*)

Aplicando en las vi l las uno de los principios manejados en la Ingeniería Industrial de la reducción de costos y aumento de la productividad, se generarían grandes ventajas socio-económicas que este tipo de pequeñas villas ecológicas tendrían, tanto para el gobierno como para sus habitantes, algunas son las siguientes:

- Se elimina por completo la propiedad privada de bienes inmuebles que normalmente generan infinidad de problemas entre familiares, invasores o abusivos y por ende se reduce la carga enorme de trabajo para el poder judicial promoviendo con el tiempo su desaparición.

- Se elimina la carga de estrés y preocupación para los recién casados de tener un lugar donde vivir, ya que la administración de

*(ELCIERA – 1)

la villa les entregaría en forma gratuita una habitación doble donde dormir la pareja y su primogénito, y esto elimina la condición de endeudamiento asfixiante de la pareja por muchos años debido al pago del inmueble.

-       Se elimina la preocupación de ahorrar para amueblar una nueva casa o departamento y los continuos gastos de acondicionamiento del dormitorio del primogénito conforme crece, de ésta manera disminuye enormemente el consumo de estos artículos.

-       Se elimina completamente, para el ama de casa la necesidad de tener una cocina para cocinar, lavar los trastes, tener todo tipo de instrumentos de cocina, etc., puesto que esto es sustituido por los restaurantes; también se elimina la carga de trabajo para el ama de casa del lavado de blancos y la ropa, ya que se lavarían en los centros de lavado, esto también reduciría en gran medida el consumo de todo tipo de equipo de lavado particular.

-       Se eliminaría completamente la necesidad de poseer un automóvil, ya que los centros de estudio, de trabajo y de esparcimiento, están muy cerca de la zona habitacional, y en caso de requerir transporte se usaría taxi gratis o transporte público moderno igualmente gratis para trasladarse a otra ciudad.

-       Las oficinas administrativas oficiales se encontrarían dentro de la zona habitacional, facilitando de esa manera su uso, y la tramitación de cualquier asunto sería oportuna y expedita.

-       Los administradores de la villa serían simples ciudadanos capacitados científicamente para administrar y llevar la contabilidad, sin manejar ningún aspecto político, ni de toma de decisiones relevantes.

-       Se eliminaría completamente la representatividad política, toda decisión política se llevaría a cabo en asambleas generales de todas las personas aptas para decidir y en asambleas particulares por edades según el asunto a tratar.

-       Con la zona fronteriza de desarrollo regional se dotaría a la villa de sustentabilidad económica al poder tener un intercambio comercial con otras villas, y suministrando sus productos a los centros de acopio estatales y al central en la Ciudad de México.

-          Una vez que el gobierno realizara la inversión inicial de construir la pequeña ciudad o villa, no tendría ya la necesidad de seguir realizando ningún tipo de gasto social como en: educación, salud, becas, ayuda a adultos mayores, seguridad social, mantenimiento de zonas urbanas, aparato burocrático, impartición de justicia, ayuda para el campo, búsqueda de empleo, presupuesto para partidos políticos, presupuesto para votaciones, etc., etc., ya que la villa sería completamente autónoma.

Con esta nueva forma de vivir para los mexicanos se tendría que reestructurar completamente el gobierno federal con todo y los Poderes de la Unión, es decir, realizar un verdadero cambio de régimen. Este nuevo gobierno federal únicamente se encargaría de administrar todos los recursos naturales, y la construcción de infraestructura del país, y como lo menciona el líder político: - Petróleo, puertos, aeropuertos, playas, minas, carreteras, energía eléctrica, agua y todo ponerlo al servicio del pueblo-. Estos recursos naturales serían administrados apoyándose de ciudades un poco más grandes que sean villas estatales pudiéndose llamar Ciudad Ecológica Estatal Productiva y de Desarrollo Científico y Tecnológico (CEEPRODECITE) en vez de las actuales empresas estatales. El uso que se le daría a esta riqueza sería para construir ciudades pequeñas que se podrían llamar Ciudad Ecológica Productiva Autónoma y de Desarrollo Científico y Tecnológico (CEPADECITE), y para abastecerlas de los mejores equipos de maquinaria industrial moderna, de cómputo, de investigación científica y tecnológica, de telecomunicaciones, aparatos médicos modernos, etc.

Cabe señalar también que los gobiernos anteriores (por estar al servicio del capital) nunca se hicieron plenamente responsables de atender las necesidades de la población mexicana; el mexicano, en un ambiente individualista, ha pasado por todo tipo de penurias desde su nacimiento hasta su ancianidad y el gobierno se ha desentendido completamente de la situación, todo se lo deja a los padres de familia, familiares, parientes o amigos y a uno mismo. En las CEPADECITE, entre todos los habitantes se harían responsables completamente de las necesidades de todos los que vivieran en ella, desde el nacimiento hasta su deceso, formándose por ende un ambiente familiar, evitando así la sensación de soledad que tanto daño hace al ser humano.

Capítulo II.6

Zona Productiva de las Ciudades Ecológicas

Detallando un poco más en este tema, se puede decir que en un ambiente de trans modernidad, en toda villa se manejaría el concepto de que ésta sea auto sustentable y generadora de riqueza para la misma villa, pero ¿Cómo se lograría esto?

Al decir que la villa sea auto sustentable, se quiere dar a entender que cuando menos las necesidades básicas de alimentación, vestido, vivienda, energía eléctrica, agua, etc., se tendrían que cubrir produciéndose en la misma villa, es decir, no se compraría nada al exterior, de tal manera que estos requerimientos no son negociables, logrando así que la villa no dependa del exterior para satisfacer sus necesidades básicas, así se acabaría toda vulnerabilidad de la vida básica de la villa al no depender de nadie.

Alrededor de la villa, después de una franja de tierras de cultivo, se instalaría una zona que rodee a dichas tierras donde se construiría n pequeñas, medianas o grandes industrias ecológicas de determinados giros de acuerdo a las posibilidades de la región, de tal manera que pueda ofrecer sus productos regionales a otras villas mediante los centros de acopio y así realizar intercambios según las necesidades de las pequeñas ciudades. Estos intercambios podrían ser en especie o monetarios. Esto generaría determinados ingresos a la villa de tal manera que ésta tendría recursos para realizar mejoras en sus instalaciones, establecer un plan de modernización en toda la villa, los habitantes de la misma cada vez más tendrían posibilidades de un mejor bienestar, disfrutar de vacaciones en buenos hoteles de playa, viajes al extranjero, viajes a lugares exóticos, tomar cursos de capacitación especializada en otros lugares del mundo, para posteriormente ser aplicados en satisfacer las necesidades de crecimiento económico de la villa y del país, etc. Todo esto sería administrado en las oficinas de gobierno de la villa, así mismo vemos que de esta manera ya no se tendría la necesidad de realizar remuneraciones económicas personales a los habitantes de la villa, pues con el simple hecho de vivir en ella, tendrían todo el derecho de disfrutar del bienestar que se genere en la misma en forma gratuita, logrando con esto que se elimine por completo todo tipo de corrupción, robos e infinidad de problemas que existen actualmente y que seguirían existiendo en la Postmodernidad.

Para el caso de los diferentes desempeños de los habitantes de la villa, se podría manejar a título personal vales o cupones de viajes o cualquier beneficio intangible como premio por mejores trabajos.

Capítulo II.7

Ciudad Educativa Piloto

En base a los principios de la Ingeniería Industrial, para desarrollar este mega proyecto, lo mejor sería realizar primeramente una ciudad educativa que se podría llamar "Ciudad Educativa Ecológica Productiva Autónoma de Desarrollo Científico y Tecnológico", sus siglas serían (CEEPADECITE), construida con presupuesto gubernamental y aportaciones voluntarias privado-sociales, mediante la realización de un estudio previo desarrollado minuciosamente por ingenieros industriales , arquitectos , psicólogos, pedagogos, etc., de tal manera que esta ciudad piloto (CP) sirva de modelo experiencial para evitar posibles errores de diseño en las subsiguientes ciudades educativas, que posteriormente se construirán en cada capital de los estado de la República Mexicana y que servirán para educar a los pobladores de las nuevas ciudades desacostumbrándoles de la vida del antiguo régimen y acostumbrándolos a la nueva forma de vivir .

Desde luego que para la realización de esta odisea, es necesario que se dé a conocer a la sociedad mexicana, para que se haga una evaluación del posible interés que tengan en aceptar esta nueva forma de vivir, de ello dependerá la viabilidad del proyecto.

Esperemos que las personas que lean este trabajo, no piensen que estas ideas son demasiado futuristas o inviables, ya que los que las ven así, es tal vez por el hecho de que su mente está muy cautivada por todo el acondicionamiento capitalista, y mientras no intenten abrir su mente, será muy difícil congeniar con lo que tal vez sea el inicio de un nuevo futuro para la humanidad en una trans modernidad. Solo esperemos que no nos alejemos mucho de ese futuro, depende de nosotros.

Las personas que vivan inicialmente en la CEEPADECITE, primeramente tendrían que haber estudiado minuciosamente el presente libro, con la finalidad de que estén perfectamente conscientes del cambio que van a realizar en sus vidas, es decir, deberán estar absolutamente convencidas de que este proyecto es lo mejor que pudieron haber encontrado para su futuro, de tal manera que darán todo lo que esté de su parte para materializarlo. Es muy importante que no haya ninguna duda al respecto para evitar conflictos posteriores.

Gerardo Sáler

que no haya ninguna duda al respecto para evitar conflictos posteriores.

Capítulo II.8

Tipos de Ciudades

Sabemos que existe una gama muy diversa de seres humanos, debido entre otras cosas, a las fechas y lugares de nacimiento de cada persona, y a la gran variedad de condiciones a las que se han visto obligados a adaptarse, por tal motivo, es menester pensar, en que se podrían agrupar personas, y vivir en una ciudad, de acuerdo a su gusto y condición, por esta razón he puesto a su consideración una lista de diversos tipos de ciudades, que estarían diseñadas para determinadas personas, que podrían formar una comunidad.

- Para parejas en estado de noviazgo.
- Para familias sin casa.
- Para personas de la tercera edad.
- Para personas minusválidas.
- Para personas en extrema pobreza.
- Para personas desempleadas.
- Para campesinos pobres.
- Para migrantes a Estados Unidos que han decidido regresar.
- Para comunidades de pueblos originarios.
- Para personal de empresas extranjeras.
- Para personal de empresas estatales.
- Para personas en estado de drogadicción.
- Para personal que trabaja en el gobierno.
- Para familias que quieran vivir en esta nueva forma.
- Etc.

A continuación también enlistaré algunos beneficios a nivel personal que tendrían los habitantes de estas ciudades.

- Se eliminaría la pobreza de las personas.
- Se generaría un apoyo mutuo de comunidad, así se

elimina la sensación de soledad.
- Se eliminan los conflictos familiares por los derechos de propiedad.
- Se elimina el desempleo.
- Se elimina el trabajo.
- Se tiene más tiempo para el desarrollo personal.
- Se elimina el estrés, la preocupación y la angustia, por falta de dinero.
- Se elimina el maltrato entre familiares.
- Se asegura el bienestar de los habitantes.

Ahora algunos beneficios a nivel general.

- Se acabaría la delincuencia y la corrupción a todos los niveles.
- Se acabaría la contaminación ambiental
- Se acondicionarían las ciudades para soportar el cambio climático que se viene.
- Se disminuiría enormemente el consumo de combustibles fósiles.
- El presupuesto del Estado se reduciría únicamente a construir ciudades y en infraestructura nacional, haciéndolo en forma eficiente con criterios científicos y no para beneficios políticos.
- Se acabarían las grandes ciudades y todos sus problemas.
- Se eliminarían los riesgos de hambrunas.
- Se eliminarían los riesgos de enfrentamientos sociales.
- Se acabaría con la ignorancia.
- Se acabaría con la posibilidad de control masivo por miedo a pandemias.
- Se eliminaría el consumismo.
- Se protegería al planeta de la devastación actual.
- Se tendría dinero para pagar la deuda externa legítima.
- Nos protegeríamos más de la perversidad extranjera.

- Se generaría un continuo desarrollo científico y tecnológico.
- Se utilizaría una moneda digital nacional para las transacciones comerciales entre las ciudades.
- Se acabaría con el peligro de un golpe de estado, pues las fuerzas armadas nacionales tendrían una educación de un alto nivel cívico, patriótico, de conciencia y sobretodo de discernimiento, eliminando así la educación basada en la obediencia absoluta a sus superiores.

- Se eliminarían las corporaciones policiaca s.
- Se eliminaría la carga física y moral de las mujeres de las actividades domésticas.
- Se fabricarían únicamente productos que satisfagan las necesidades humanas y que acrecienten el bienestar de los habitantes de la comunidad, y no para el enriquecimiento de un individuo, familia o Sociedad Anónima.
- Se facilitaría la descentralización gubernamental de las grandes ciudades.
-         Etc.

Capítulo II.9

Centros de Apoyo para el Desarrollo Continuo de las Ciudades

En páginas anteriores dimos un bosquejo de cómo pudieran ser las pequeñas ciudades ecológicas, a continuación daremos una opinión, de cómo pudieran interactuar unas con otras, para apoyarse mutuamente, con la finalidad de que se facilite el crecimiento y desarrollo de todas y cada una de ellas, sin que ninguna se quede atrás en su bienestar y progreso continuo.

CESUACRIAN

Estas siglas significan Central de Suministros Agrícolas y para Criadero de Animales, la cual estaría ubicada en la capital de cada estado y tendría la función de abastecer a las ciudades ecológicas del mismo estado en forma gratuita, de todo lo relacionado con el cultivo de alimentos y para el criadero de animales, de tal manera que las ciudades puedan cultivar todos los alimentos para la comunidad con el menor esfuerzo y dificultad posible.

CADIFODE

Los CADIFODE podrían ser los Centros de Acopio, Distribución y Fomento al Desarrollo Económico, estos centros se instalarían en la capital de cada estado, tendrían la función de recibir todos los productos fabricados por las ciudades ecológicas del estado, d e otros estados y de las importaciones, para que a su vez sean vendidos a los representantes de compras de las mismas ciudades ecológicas de acuerdo a sus necesidades.

Estos centros no incluyen productos perecederos, puesto que los alimentos perecederos se producirán únicamente para satisfacer la demanda de las ciudades de acuerdo al número de pobladores, de esa manera se evita que se degraden y el uso de conservadores.

De esta manera vemos que únicamente se manejarán precios

de venta al mayoreo o precios de fábrica, eliminando así el incremento del precio producido por el intermediarismo.

Por otro lado el fomento al desarrollo económico consiste en descubrir qué productos hacen falta en el mercado para que las ciudades ecológicas escojan y se puedan sostener de ellos formando las unidades productivas, tomando en cuenta que los productos únicamente serán producidos para satisfacer las necesidades de las comunidades y nunca más para satisfacer el deseo de enriquecimiento de unos cuantos.

CEDECCTEC

La CEDECCTEC significa Centro Estatal de Desarrollo Cultural, Científico y Tecnológico, este centro también se ubicará en las capitales de los estados y tendrán la función de recopilar todos los resultados de las investigaciones científicas y tecnológicas desarrolla das en las ciudades ecológicas para su ordenamiento y fomentarlo de regreso a todas las pequeñas ciudades, para el progreso constante de las mismas. Así mismo se mandará la información depurada a la capital de la república para que lo mejor de cada estado se distribuya a todo el país.

Capítulo II.10

Beneficios de la Transmodernidad.

Como lo ha dicho reiteradamente el diputado - La cuarta transformación será tan profunda como el pueblo decida - yo agregaría que la cuarta transformación irá tan lejos, tanto como el pueblo esté conciente de qué futuro quiere tener, porque aunque el pueblo quiera un cambio para mejorar sus condiciones de vida, pero s i no tiene el despertar suficiente para enfrentar este reto, sabiendo con precisión lo que quiere, solo estará dando palos de ciego, y habrá la posibilidad, inclusive, de un retroceso, como le ha sucedido a otros países de Latinoamérica, que han l legado al poder presidentes y partidos de izquierda y por no tener una brújula, un norte bien definido que destruya al capitalismo, nuevamente fueron derrotados por la necia, miope y retrograda derecha.

De allí la intención de este trabajo, donde expone, en base a lo que está viviendo en estos momentos la humanidad, tres posibilidades que se visualizan en el futuro: regresar al pasado, es decir, antes de la pandemia y buscar la Postmodernidad; dejar que las élites implanten el Nuevo orden Mundial al estilo del gobierno chino; o que la humanidad se independice de cualquier proyecto dominador y que cree un nuevo régimen acorde con sus más grandes aspiraciones.

Nuevamente en forma reiterada, presentaré en seguida, una lista más detallada de algunos beneficios que se tendrían, de alcanzar un camino hacia la Transmodernidad, de tal manera que en una forma somera, podamos tener una opción que defina un camino, un norte, hacia donde dirigirnos para evitar i r a ciegas y generar regresiones, que retardarían la verdadera cuarta transformación, para lo cual, con una mentalidad completamente libre, s in ataduras provocadas por condicionamientos mentales por parte del capitalismo, utilizando la capacidad de la imaginación, pero basándose en los principios de una disciplina científica como lo es la Ingeniería Industrial, esbozaré nuevamente algunas ventajas para que guíen y animen a las personas a tomar este camino.

-       Se eliminarían completamente las grandes ciudades, construyendo en cada cabecera municipal pequeñas villas o pequeñas ciudades modernas, ecológicas y autosustentables presentadas con más detalle en los capítulos anteriores. De esta manera se reduce enormemente el gasto social.

-       Se eliminaría la propiedad privada de bienes inmuebles, eliminando con esto infinidad de problemas familiares y sociales que retrasan el avance como seres humanos y con esto también se reduciría enormemente la carga de trabajo del poder judicial.

-       Las condiciones de vida mejorarían en gran medida, puesto que la fuerza de trabajo del mexicano no sería robada por los dueños del capital, sino que la riqueza generada se aplicaría para el bien común de la propia comunidad.

-       Desde el nacimiento hasta los veinticinco años de edad, las personas se dedicarían a cultivarse para alcanzar una visión altamente desarrollada del mundo en que vive, incluyendo la integración de éste planeta en el cosmos. Estudiaría en todo este periodo, por ejemplo: artes como la música, pintura, escultura, teatro, danza, etc., de acuerdo al gusto de cada persona, también estudiarían filosofía, historia, política, ciencias naturales, nutrición, cuidados del cuerpo físico emocional y mental, ciencias antiguas como la astrología, materias escolares como civismo, matemáticas, física, química, etc. Materias con sentido ético que dan una formación panorámica pero sustancial de la creación para forjar a los mexicanos como seres de alto nivel de conciencia. Todo esto estudiado bajo la premisa de combinar la práctica con la teoría.

-       En cada villa o pequeña ciudad moderna desarrollada con alta tecnología, existirían centros de investigación científica y tecnológica, y en conjunto, con todos los demás centros de investigación de las demás villas del país, se generaría un avance científico y tecnológico sin precedentes que sustentaría el nuevo México moderno, superando en poco tiempo a los países altamente desarrollados tecnológicamente; y así se evitaría el impedimento que se tiene actualmente de no poder implementar las nuevas tecnologías por los intereses particulares. (*)

-       Dadas las nuevas formas de generar riqueza en la

Transmodernidad, al ir desapareciendo paulatinamente el circulante monetario, algún día s e eliminaría por completo la dependencia económica que sojuzga a todos los países del orbe, y que nos imponen las élites nacionales e internacionales. Para la independencia económica nacional, ayudaría también el estudio minucioso del destino que se le dio a la deuda pública para determinar la deuda legítima de la deuda i legitima, i legal o fraudulenta; aunque sabemos que es uno de los retos más difíciles de vencer, s e estructurarían nuevas formas económicas y financieras con sentido nacionalista para el pago únicamente de la deuda legítima y con el apoyo de una estructura trans moderna poderla pagar.

- Debido a que se eliminaría la propiedad privada y el dinero, se reduciría enormemente todas las leyes que regulan estos aspectos económicos, transformándose en leyes muy sencillas.

- Todo lo anteriormente expuesto tiene la finalidad de exponer al pueblo que la Transmodernidad es verdaderamente un cambio de régimen socio-económico, político y cultural, es decir, una transformación total de la vida del mexicano.

- Debido a las nuevas formas autónomas de vida en la Transmodernidad, los mexicanos estaríamos en las condiciones adecuadas para enfrentar los grandes retos que se vienen con respecto a los cambios climáticos severos.

- Gracias a la nueva estructura social y económica de la Transmodernidad, dejarían de existir los periodos de recesión económica que sufren los países en el capitalismo, evitando con esto el sufrimiento de grandes masas de la población por el desempleo.

- Con el nivel de conciencia que ya ha alcanzado aunque sea el 1 % de la humanidad, es suficiente para que ya no necesitemos de ningún grupo elitista perverso, o de alguna raza extraterrestre que quiera seguir dominando al ser humano de este planeta.

Ahora nos toca a nosotros poner manos a la obra y empezar a enfocarnos en diseñar nuestras propias estructuras sociales, políticas y económicas de tal manera que nos alejemos de los actuales regímenes malignos y perversos que han hecho sufrir al ser humano por miles de años, y construyamos ahora un sistema donde se dignifique y pase de ser un esclavo a ser un ser altamente conciente con posibilidades infinitas de desarrollo personal y espiritual.

UNA CRÍTICA AL MEXICO ACTUAL

Capítulo III.1

Peligros de la Postmodernidad y del Nuevo Orden Mundial.

Antes de pasar a lo que será una crítica al México actual, expondré brevemente que existen ciertas dificultades para podernos encaminar hacia una Transmodernidad.

Como ya lo hemos comentado en capítulos anteriores, de que la Postmodernidad no es el camino correcto para el pueblo de México, daremos a continuación algunas circunstancias que nos están llevando por este camino y que se pueden considerar un peligro para la libertad del pueblo de México.

Eliminación del Fuero

En estos momentos y en la Postmodernidad, se puede considerar que el fuero no es un privilegio, es una protección para el político crítico, ya que actualmente y durante toda la Postmodernidad, el poder judicial, que siempre será corrupto, tendrá la facilidad de eliminar del camino a cualquier político que afecte los intereses de la mafia del poder.

Medicamentos Gratuitos

Dicha política puede ser, a la larga, perjudicial para el pueblo, ya que, en una situación de post modernidad, donde no se valora verdaderamente al ser humano, y donde se busca que la industria farmacéutica siga activa y genere cada vez mayores ganancias, el gobierno se ve obligado a promover que la gente se siga enfermando y por lo tanto, éste no se preocupará por la salud integral del pueblo.

Nuevo Orden Mundial

¿Qué es el Nuevo Orden Mundial? La enciclopedia libre Wikipedia nos dice:

La teoría conspirativa del llamado Nuevo Orden Mundial afirma la existencia de un plan diseñado con el fin de imponer un gobierno único - colectivista, burocrático y controlado por sectores elitistas y plutocráticos a nivel mundial.

Se menciona esto porque es la opción que promueven las élites mundiales para la vida humana de este planeta, pero al parecer es una opción nada alentadora y sí muy esclavizante, por que no destruye el sistema capitalista, sino que lo transforma en un sistema aún más nefasto y perverso para la humanidad, que sería el Imperialismo; situación que con esta pandemia se ha evidenciado aún más, por algo la gran mayoría de los países están llevando a cabo las mismas medidas represivas que dictó la OMS, que es una organización al servicio de las élites globales. Ya existen en internet infinidad de videos que hablan del Nuevo Orden Mundial, denunciando todos sus planes macabros para la humanidad, empezando por la eugenesia negativa, tan solo es cuestión de entrar a YouTube y escribir en el recuadro Nuevo orden Mundial y salen infinidad de esos videos que te aclaran de muy diversas formas este nuevo proyecto para la humanidad, por parte de estas nefastas organizaciones. (*)

Por otro lado, tenemos en México grupos de alto poder económico y financiero nacionales e internacionales, e inclusive una oposición política golpista y mediocre, que están haciendo todo lo posible para que en México no se consolide la 4T, teniendo que hacer el nuevo gobierno de izquierda, grandes esfuerzos para contrarrestar esta situación. Para poder realizar la Transmodernidad, es indispensable que existan ciertos niveles de libertad para tener las condiciones adecuadas para su implantación. (**)

Tarjeta de Identidad

Si el dinero es la herramienta fundamental de las élites financieras a nivel mundial para el control de masas y sus gobiernos; en el imperialismo o en el Nuevo Orden Mundial, el control absoluto lo tendría una tarjeta de identidad que servirá para almacenar completamente todo el historial económico y financiero de una persona, de tal manera que el gobierno único podría saber en el acto todos los movimientos de ingresos y egresos de esa persona, ya que con ese poder tendría la posibilidad de controlar la vida de todos los seres humanos del planeta concicionándolos a su antojo. De allí el interés de que actualmente todos los bancos promocionen el uso de la tarjeta de débito y en un futuro post moderno se alcanzaría esta meta.

Microchip Personal Intradérmico

Este microchip es un dispositivo electrónico del tamaño de un arroz que se instala por medio de una jeringa por debajo de la piel para que permanezca para siempre pegado al cuerpo físico. Este dispositivo aparentemente tiene un gran beneficio para el ser humano, ya que la industria que lo fabrica, en contubernio con el gobierno norteamericano, expresa que tiene la función de servir de localizador para el caso de secuestro, y que almacena los datos de salud de las personas para ayuda en hospitales, con ésta manipulación obligarán a todas las personas a usarlo; pero en realidad, según las teorías conspirativas, sirve también para almacenar en forma absoluta toda la información de la vida de quien lo porta e inclusive será capaz de recibir información del cerebro de cada persona y también influir en él, de tal manera que se lograría un control mental. (*)

Este dispositivo sería una de las herramientas más poderosas de las Postmodernidad para el control de masas en el sistema imperialista.

En estos momentos de la pandemia, se está denunciando a nivel mundial, por medio de videos privados, los planes macabros de las élites globales de querer utilizar vacunas para lograr sus propósitos de eliminar una gran parte de la población y controlar a la población restante. (**)

*(RIM - 1)
**(LIROB – 1; DOCFILES – 1)

La Mentira en los Medios de Comunicación Tradicionales.

Tenemos que darnos cuenta que en la Postmodernidad, seguirá prevaleciendo la ideología de derecha y su poder, es decir, mientras no desaparezca el capitalismo, los conservadores de derecha siempre tendrán el poder económico para enfrentar al poder del pueblo, puesto que en el capitalismo, por absurdo que parezca, el pueblo está esclavizado para alimentar, nutrir y fortalecer económicamente a su propio enemigo y verdugo. Por otro lado, la mejor arma que tienen es la mentira difundida en los medios de comunicación que poseen. (*)

*(CAROMETOCH-8)

Capítulo III.2

La Libertad

Primero definamos la palabra libertad:

1.- Facultad y derecho de las personas para elegir de manera responsable su propia forma de actuar dentro de una sociedad.

2.- Estado o condición de la persona que es libre, que no está en la cárcel ni sometida a la voluntad de otro, ni está constreñida por una obligación, deber, disciplina, etc.

Ahora definamos la palabra libertinaje:

1.- Libertad excesiva y abusiva en lo que se dice o hace.

2.- Conducta de la persona libertina (que se entrega sin freno a los placeres sexuales).

Demos ahora un vistazo a la realidad del México actual y veamos qué tan libre ha sido el mexicano dentro de este actual régimen del neoliberalismo.

En este país, entre más dinero tienes, hay más posibilidades de hacer tu santa voluntad, incluyendo situaciones fuera de la ley, debido a la ineptitud del poder judicial y a sus altos niveles de corrupción dentro de la institución que imparte justicia. Esto es libertinaje. Esperemos que en la cuarta transformación esto se acabe.

En una situación de pobreza, no hay libertad y en México, sabiendo que tenemos ochenta millones de personas que viven con bajos recursos económicos, entonces tenemos el mismo número de personas que su libertad es sumamente limitada, por tanto, podemos decir que es falso que en México haya libertad, sino es todo lo contrario.

Teniendo educación y cultura, tenemos oportunidades para desempeñarnos en las actividades que más nos agraden; en una situación de pobreza no tenemos educación ni cultura, por tanto, no existe la libertad para desempeñarnos a nuestro gusto.

Estando dentro de una secta o institución religiosa, existen guías de conducta y formas bien definidas de pensar, de actuar y de ser, y si te sales de estos lineamientos, hay posibilidades de ser mal visto y habrá reproches al por mayor, por tanto, la posibilidad de pensar en forma diferente se reduce significativamente.

Las leyes que emanan de la Constitución Política son necesarias para la armonía en la convivencia de los mexicanos, de esa manera se evita el libertinaje, el descontrol y el desorden dentro de nuestra sociedad; por tanto son buenas para generar un ambiente de libertad en nuestro país. El problema es cuando se infringen dichas leyes por parte de gente corrupta rica o pobre. Entre más personas corruptas existan en México, más se genera libertinaje y más se deteriora la libertad.

Una de las principales funciones de los medios de comunicación tradicionales al servicio de la mafia del poder, es generar un condicionamiento mental a los mexicanos en general, induciéndonos primordialmente al consumismo; comprar, comprar y comprar es la máxima de un citadino, y si no logra ese objetivo, se siente frustrado. Así como este ejemplo hay muchos otros que limitan en gran medida la capacidad de pensar y discernir adecuadamente, reduciendo con esto el ejercicio de la libertad de pensamiento.

Este panorama de escases de libertad, nunca será erradicado en el capitalismo post moderno, solo desarrollando la cuarta transformación en un ambiente de trans modernidad se logrará una plena libertad. Pero para lograrlo tenemos que empeñarnos permanentemente en ello. (*)

Por otro lado debemos de entender el sentido de la libertad, porque en el sistema capitalista se puede decir que existen muchas libertades, pero que se les dan únicamente a ciertos sectores de la población, afectando a otros; tal es el caso por ejemplo, de que se les da la concesión a particulares de establecer un negocio para obtener un beneficio económico personal o de grupo, mediante la fabricación y/o comercialización de bienes intangibles o tangibles con la posibilidad de enriquecerse, para lo cual se autoriza la contratación de personal que se subordina al patrón dándole una recompensa salarial muy por debajo del valor del trabajo realizado, situación que se ve a todas luces como una explotación del hombre por el hombre, entonces esa libertad es injusta. Otra libertad injusta, es la que permite que un juez dé la orden de desalojo de una familia de bajos recursos de una vivienda, rentada o hipotecada. Otra libertad más, que es incorrecta, es que el gobierno permite tener los hijos que quieras, sin tomar en cuenta, ni tu cultura, ni tu educación, ni tu capacidad económica para mantenerlos.

Y así por el estilo, podemos mencionar infinidad de libertades que mucha gente disfruta a costa de muchas otras. Eso no es libertad, eso es libertinaje permitido por los gobiernos que apoyan al capitalismo.

La libertad debe ser todo aquello que se realice sin afectar, lastimar, castigar o dañar a cualquier otra persona o cualquier ser vivo, incluyendo el planeta tierra, de lo contrario se debe considerar como libertinaje y debe ser rechazado por la sociedad.

En estos momentos de la pseudo pandemia, para mí, es una vergüenza que en plena revolución pacífica para alcanzar la cuarta transformación, la gran mayoría de los grandes dirigentes del movimiento (salvo honrosas excepciones), junto con las insistencias absurdas de la derecha, hayan aceptado doblegarse a los lineamientos de la OMS , a sabiendas que ha dictado medidas sumamente perversas que limitan las más elementales libertades como son: la libertad a trabajar y recibir un salario digno, la libertad de tránsito, la libertad del esparcimiento, la libertad al intercambio comercial que mantiene los niveles de bienestar, la libertad a la comunicación y a la convivencia entre los seres humanos, la libertad a presentar tu rostro a los demás, y para colmo de males, la libertad a respirar sanamente. Todo esto está manifestando únicamente que las expresiones de soberanía siguen siendo demagogia.

Ahora nada más espero que con lo arriba mencionado y en general con lo escrito en este libro, no vaya a ser motivo de que los infiltrados o los traidores al movimiento de la cuarta transformación, quieran limitar mi derecho a la libertad de expresión. Espero que no lo logren.

Entonces podemos concluir que la libertad no es tener permitido realizar todo lo que se te pegue la gana, libertad es hacer todo lo que desees sin dañar a nadie, incluyéndote a ti mismo.

Una forma muy certera de ilustrar esto es describir el funcionamiento del juego de Ajedrez, donde vemos que existen varias reglas del juego que debemos respetar, en aras de permitirnos una gama infinita de libertades o jugadas que pueden hacer de este juego un entretenimiento interesante, emocionante y placentero.

En la vida trans moderna se tendría muy en cuenta este concepto de libertad, donde será menester respetar toda una serie de reglamento s y leyes que nos permitan evitar conflictos y dificultades en aras de abrirnos a un camino infinito de libertades, que nos conduzcan hacia una plena felicidad, y que nos dé las bases para buscar respuestas a nuestras más añejadas preguntas de quienes somos, de dónde venimos, hacia donde vamos y podernos dar el tiempo para mirar hacia el cielo y descubrir el cosmos.

Capítulo III.3

Consecuencia de Ser Ignorante de la Política

En la antigua Grecia se decía que la palabra "idiota" se aplicaba a las personas que únicamente se dedicaban a sus asuntos personales, sin tener ningún interés en preocuparse por los asuntos políticos de su época. En estos tiempos, dicha palabra sabemos que es ofensiva y significa persona "tonta, torpe, corta de inteligencia". Si unimos ambos significados podremos deducir sin ánimo de ofender, que no es correcto olvidarse o desatender los asuntos relacionados con la toma de decisiones de los políticos en turno, de allí la intención del nuevo presidente electo de querer lo mejor para los mexicanos, de buscar las diversas formas de convencernos de que participemos en política lo más que se pueda. Desde su campaña electoral, comentaba que cuando él ganara la presidencia, no era correcto que pensáramos como siempre lo hemos hecho, de que él ha gobernar y nosotros a trabajar, -"eso no, ahora, todos a gobernar, pueblo y gobierno". Eso demuestra el gran interés que tiene el nuevo presidente electo de mejorar nuestro país.

Desafortunadamente, las personas de derecha se han rebelado ante esta nueva forma de gobierno, debido entre muchas otras cosas, a que como los sectores sociales pudientes siempre han pensado que ellos son los únicos que saben gobernar, se les hace terrible que ahora el Estado esté en manos del pueblo, por que según ellos, somos tontos e ignorantes. De allí que se han presentado fuertes y grandes oposiciones por parte de este sector, difamando y mintiendo en los medios de comunicación que están en su poder, haciendo marchas, cosa que nunca habían aceptado que el pueblo las hiciera, ejerciendo una fuerte presión en los diversos sectores económicos y financieros para desacreditar al nuevo gobierno, apoyándose obviamente de las élites internacionales que también se sienten incómodas por el cambio y por las técnicas utilizadas para un Golpe de Estado Blando.

A todas luces se ha revelado que la más fuerte oposición para realizar la cuarta transformación es por parte de las personas de derecha y de extrema derecha, debido a que no han comprendido que la cuarta transformación beneficia a todos los que, de alguna manera, respetan las leyes, evitan la corrupción, evitan el fraude, etc., pero como ellos están acostumbrados a hacer valer las leyes para los dominados, pero no para ellos mismos, se sienten incómodos que ahora ellos también tengan que respetar las leyes.

Todo esto sale a relucir porque los conservadores siempre han buscado la manera de educar y manipular al pueblo para que no se interese en los asuntos políticos del país, para que así puedan hacer y des hacer en la toma de decisiones de la vida pública.

El nuevo gobierno de izquierda pretende acabar con todas estas desviaciones para que el pueblo esté al tanto de todo lo que ocurre en su entorno político, de allí el interés de nuestro presidente de preservar "las mañaneras", y eso es muy conveniente para lograr encaminarse hacia una trans modernidad.

En dicha proyección trans moderna sería indispensable estructurar una educación política a todos los niveles, tanto a nivel escolar como a nivel de educación para los adultos, de tal manera que todo e l pueblo de México esté perfectamente politizado y así evitaremos cualquier tendencia hacia un retroceso en el avance hacia la Transmodernidad.

Con las ciudades ecológicas propuestas en este libro, se evitaría por completo la corrupción de los funcionarios públicos, se eliminarían los partidos políticos y en consecuencia se evitaría la gran cantidad de pérdida de tiempo y de recursos en soportar el golpeteo por demás absurdo por parte de los partidos opositores, de ésta manera se eliminarían también a todos los diputados y a todos los senadores que no representan realmente al pueblo, representan únicamente a los intereses personales y de grupo.

Capítulo III.4

La Secretaría de Educación Pública

Otra de las principales entidades gubernamentales que podrían permitir un alto y continuo desarrollo en la sociedad mexicana en un ambiente trans moderno, es la Secretaría de Educación Pública, pero antes de abordar este tema, critiquemos algunos aspectos del actual régimen, que, de seguir así, en un futuro l levaría al país a una Postmodernidad.

Es de todos conocido la gran problemática actual de la educación en México, más aún con la retrograda reforma educativa que se inició en el viejo régimen, que esperemos esté desapareciendo. Pero no acaba aquí el problema, sabemos de la débil estructura de las instalaciones para impartir la educación a nivel nacional, y más aún del gasto tan elevado que representa la publicación de los libros de texto gratuitos que, haciendo un pequeño sondeo del resultado en la educación por la utilización de estos libros, nos daremos cuenta que un gran porcentaje de ellos se quedan s in abrir o a medio usar, y s i en verdad todo lo que viene en los libros, los alumnos la aprovecharan, México estaría mejor, pero con el sistema educativo memorista que se tiene, el aprovechamiento es mínimo, aunque sabemos que todo ese conocimiento vertido es eurocéntrico, entonces estos libros no sirven para cumplir con las expectativas de estos tiempos, pero desafortunadamente nos quedamos con la gran tala de árboles para la elaboración de los libros y con el uso inútil de toneladas de tinta con su correspondiente alto nivel de contaminación ambiental. Como no se podrá eliminar este gasto tan oneroso para el país, puesto que existen grandes intereses creados, se seguirá con esta deficiencia en la Postmodernidad.

Otro mal de pasados regímenes, y que aún persiste, es la creencia de que los niños y niñas tienen la capacidad de asimilar conocimientos abstractos a una corta edad y empiezan a torturarlos desde los primeros años de la edad escolar, al grado de pretender, inclusive, que aprendan dos idiomas al mismo tiempo. ¡Por dios, que absurdo! (*)

En la Transmodernidad, lo anterior se consideraría un verdadero absurdo y una forma de trastornar la mente y las emociones de los educandos. (**)

En un futuro trans moderno, la educación escolar podría consistir en brindarle al alumno, desde los primeros años de la edad escolar un ambiente sano, interesante y divertido con plena libertad para desarrollar todas sus potencialidades personales, donde el primer indicio para detectar que se están haciendo mal las cosas es cuando el alumno no quisiera seguir yendo a la escuela; que ya no serían propiamente escuelas como se entiende en la actualidad, sino centros educativos-recreativos donde existiría n diversas salas, de acuerdo a la edad del alumno, donde el profesor, especializado únicamente en el conocimiento impartido en esa sala, estimularía y animaría al alumno a descubrir en una forma por demás interesante todo el conocimiento que se pudiera adquirir en esa sala, de tal manera que cada alumno, de acuerdo a su naturaleza, escogería lo que más le gustara hasta agotar el tema seleccionado, y así i ría de sala en sala hasta terminar un curso completo o un año escolar.

Un criterio para escoger los temas a enseñar a los niños y jóvenes en edad escolar, sería primero preguntarnos qué necesita saber un niño de seis años para que se pueda desenvolver adecuadamente en su entorno y que además tenga el gusto e interés por saberlo, así nos preguntaríamos por cada año escolar, después desarrollar dichos temas basándose en nuestra propia percepción histórica, eliminando todo tipo de influencia euro céntrica, y por último, exponérselos a los niños y jóvenes, hasta cumplido los veinticinco años.

Queda sobre entendido que estas son algunas ideas que pudieran ser modificadas, adaptadas, corregidas, etc., pero que dan la pauta a no tener miedo a estructurar un sistema educativo mucho mejor al actual, simplemente con una buena imaginación y con el deseo de crear algo mucho mejor que el presente sistema educativo ya obsoleto, caduco, degenerado y muy limitado para las pretensiones de una trans modernidad. (***)

**(HSPAUNI – 1)
***(HISPAUNI – 1; GRUPCOM – 1)

Capítulo III.5

La Propiedad Privada

Uno de los problemas más grandes de la humanidad es la propiedad privada, y más aún en los países con más índice de corrupción, como es el caso de México.

En este tema expresaré que pasé por la experiencia de haber tenido el derecho de ser propietario de dos bienes inmuebles por convenio de divorcio de mis padres, pero por la corrupción, mis familiares sobornaron a los empleados para tachar el primer registro de las compras de esas propiedades del Registro Público de la Propiedad y les adjudicaron otros números de partida, alteraron las escrituras originales, un notario público corrupto generó otras escrituras con datos falsos, se vendieron esas propiedades sin tener certificado de libre gravamen, y después de pelearlas y pelearlas, al fin, las perdí. Después de haber vivido en una de ellas por más de 50 años y 10 años con mi esposa e hijo, fuimos brutalmente despojados de: Tanto de la casa donde vivíamos, como del negocio de fabricación de botones que teníamos instalado. Desde ese entonces, hemos venido rentando vivienda y no nos hemos podido recuperar de semejante atropello.

Iguales o similares a esta anécdota hay por miles y miles de personas que les ha pasado lo mismo, unas por una cosa y otras por otra, pero, s i alguien tiene el derecho de propiedad de algún bien inmueble y hay algún abusivo en la familia con más dinero, éste es capaz de pelear la propiedad manejando las cosas por abajito del agua, repartiendo dinero aquí y allá y listo, como por arte de magia, salen otras escrituras e inmediatamente a lanzar a la calle al pobre perdedor, no importa que tenga hijos pequeños, no importa nada, el juez sin piedad autoriza el lanzamiento y se acabó, lo mismo pasa cuando ya no puedes pagar la renta al arrendador o la mensualidad del crédito hipotecario. Esperemos nuevamente que con la cuarta transformación esto desaparezca.

Por el derecho de propiedad de bienes inmuebles, las familias se destruyen, se divorcian, matan a los padres, a los abuelos, mandan a los propietarios a los asilos, a los manicomios, todo esto s in la más mínima consideración ni piedad. Para que decir cuando las personas se pelean por negocios familiares, los más abusivos son capaces de meter a la cárcel al otro con tal de quedárselo. Y así podemos subir la escala hasta llegar a países que se declaran la guerra por el territorio o por las riquezas naturales, como es el caso de lo que está haciendo Estados Unidos con Venezuela.

Lo mismo podemos decir de cualquier bien que uno posea: joyas, dinero, automóviles, celulares, aparatos electrónicos, electrodomésticos, muebles, etc., etc. etc. Todo esto puede ser motivo de angustia, preocupación y miedo de que te lo roben o que se pierda, e inclusive las personas pueden perder la cordura y hasta la vida por protegerlas.

En la Postmodernidad, la propiedad privada no puede ser eliminada puesto que este derecho sustenta al capitalismo y es intrínseco a este sistema. En cambio en una trans modernidad, donde todo puede ser diferente a como está en la actualidad, no existiría la propiedad privada de nada, más de lo que llevas puesto; uno podría disfrutar de todo cuanto existe s in necesidad de tener un derecho de propiedad, siempre y cuando cuide uno las cosas.

Es de esperarse que la mayoría de la gente se pudiera sorprender e interrogarse de cómo podría ser esto posible si el sistema capitalista se ha encargado de remachar y remachar al cerebro humano para consumir, consumir y sufrir tremendamente cuando nos roban o perdemos algo; pero en la Transmodernidad, para eliminar el derecho de propiedad es indispensable primeramente, como ya se expresó anteriormente, estructurar diseños completamente nuevos de ciudades pequeñas ultra modernas como s i fueran zonas hoteleras techadas con todos los servicios, donde existiría únicamente el derecho de posesión de lo siguiente: de las habitaciones de quienes las habitan y de los bienes de consumo, todo esto controlado por sistemas computarizados, de esa manera se eliminaría la necesidad del derecho de propiedad que tanto daño hace a la sociedad.

Capítulo III.6

La Democracia

Existen diversos diccionarios que definen la palabra democracia, todos ellos hablan de una participación común, que es en sí un aspecto del concepto democracia y es de lo que se va a hablar aquí.

En México se adquiere el derecho para votar desde los dieciocho años de edad, para elegir desde Presidente Municipal hasta Presidente de la República, los candidatos son propuestos por los diversos partidos políticos o son candidatos independientes; aparentemente este acto es correcto porque pretende demostrar que el pueblo elige a quienes los van a gobernar, pero de hecho es bien sabido que un alto porcentaje de la población votante no conoce realmente a los diversos candidatos y solo votan por el partido que les gusta, que les suene o al que estén obligados a hacerlo. Esto es más una farsa que un verdadero acto democrático, porque se elige como si estuviéramos con los ojos vendados, pero a los gobiernos de derecha nunca les ha interesado que su pueblo esté politizado, solo ofrecen y prometen cambios que nunca se llevarán a cabo. Esperemos que este nuevo gobierno del pueblo cambie las cosas.

En la Transmodernidad se acabaría con la representación popular, es decir, con los partidos políticos, puesto que en las ciudades comunales ya no se necesitarán más; pero esto no quiere decir que el ciudadano pierda el derecho a participar, es todo lo contrario, en la Transmodernidad se buscaría la forma de educar al habitante de la comunidad para que se acostumbre desde pequeño a tomar sus propias decisiones por convencimiento propio y no actuar por imposiciones de ningún tipo. Claro está que esta libertad debe manejarse con el criterio de que todas la decisiones personales o de grupo que se tomen deberán estar respaldadas por el conocimiento de causa y sabiendo sus consecuencias, de tal manera que las diversas decisiones que afecten a la comunidad se irán tomando de acuerdo a la edad de la persona y a su sabiduría. Así se puede desarrollar toda una cultura trans moderna desde las aulas, donde se enseñe esta actitud democrática de tomar decisiones para el bien común y aprender a respetarlas.

Capítulo III.7

La Corrupción

El dinero o cualquier sistema electrónico que lo sustituya, es la herramienta más poderosa e indispensable del sistema capitalista, es decir, s in dinero no existiría el capitalismo, de la misma manera, la corrupción va implícita en el capitalismo, es decir, sin capitalismo no habría corrupción. En general, en todos los países existe la corrupción pública y privada por más sofisticados medios de control que se manejen para evitarla, pues en todos los países existe el dinero como medio de intercambio comercial y el medio para la acumulación de la riqueza. Transparencia Internacional año con año saca una estadística donde muestra los diferentes niveles de corrupción de gran cantidad de países, pero en sí, en todos hay corrupción. Por más que esta institución se esfuerce en acabar con la corrupción, nunca lo logrará, pues en el dinero va implícita la corrupción; en el momento que deje de existir el dinero, deja de existir la corrupción. Cabe aclarar que la tarjeta electrónica es una variante del dinero, pero al fin y al cabo, también tiene el mismo efecto que el dinero.

El fundamento de lo anterior, es el entendimiento de que la fuerza de trabajo del ser humano es transformada en dinero, y el dinero es guardado en las instituciones bancarias generando así riqueza para el poseedor del mismo. A todos los seres humanos les gustaría poseer riqueza económica aunque traiga consigo algunas desventajas, por tanto, todos hacen hasta lo imposible para conseguirla, inclusive por medio de la corrupción; entonces el dinero es la condición necesaria para generar corrupción, al dejar de existir el dinero, deja de existir las condiciones necesarias para la corrupción.

Capítulo III.8

La Alimentación

Las élites globales, con la finalidad de menguar la raza humana por fines eugenésicos, han hecho de la alimentación uno de los negocios más nocivos y perversos que existen en este planeta, y en México no es la excepción. Desafortunadamente en el capitalismo se trata a la población latinoamericana como si fuéramos s imples animales y nos ubican en la economía como un componente más para que generemos riqueza a los dueños del capital; no les importa que todos los productos alimenticios industrializados tengan únicamente sabor, olor y conservadores; nada más basta dar un vistazo a las tiendas misceláneas, dulcerías y de abarrotes mexicanas para confirmar lo que aquí se escribe; estos productos tienen exageradas cantidades de carbohidratos de mala calidad, pocas proteínas de difícil digestión y grasas también en abundancia que mantienen ya a gran parte de la población de este país enferma y en una obesidad mórbida.

Por otro lado, tenemos los productos perecederos, que también dejan mucho que desear por la gran cantidad de contaminantes químicos, debido a los plaguicidas, fertilizantes artificiales, y semillas transgénicas, así como también en las carnes con altas cantidades de hormonas de crecimiento como el Clenbuterol que van mezclados en los alimentos del pollo y del ganado, causando alteraciones metabólicas en las personas que consumen esta carne. (*)

¿Qué se puede esperar de los próximos gobiernos para eliminar completamente este sistema alimenticio tan dañino para el mexicano? Según hemos observado, el nuevo gobierno tiene la intención de gobernar para el pueblo, es decir, beneficiar al pueblo en todos los sentidos; pero ¿Hasta dónde las grandes corporaciones empresariales fabricantes de alimentos se lo van a permitir? Sabemos que para obtener un producto nutritivo, sano, de fácil digestión y que no sea tóxico, sus costos se elevarían, como ejemplo tenemos ahora los productos orgánicos que tienen un precio de tres a cuatro veces por encima de los normales y obviamente el consumidor común no lo puede

*(KLVIDEOS – 1)

pagar.

Lo que podemos sugerir en un sistema post moderno es que el nuevo gobierno mexicano normalice la calidad de los productos y exija a los productores de alimentos que las respeten, pero a fin de cuentas, el gobierno respetará el sistema capitalista de ganancia y nunca se podrá lograr una calidad verdaderamente adecuada para el consumo humano.

En una situación de trans modernidad, donde lo más importante es el ser humano y no la ganancia de los empresarios, lo que se haría es retirar completamente el capital para la producción masiva de alimentos, y el suministro de los mismos se haría en base a la producción comunal de alimentos frescos para que mantengan todo su poder nutricional y de fácil asimilación, eliminando así todo tipo de empresas químicas dedicadas a la producción de saborizantes, colorantes artificiales y conservadores sintéticos, así como también se eliminarían todo tipo de empresas dedicadas a elaborar productos de unicel, empresas de empaquetado, embotellado y enlatado de productos alimenticios, reduciendo enormemente, por un lado, la intoxicación del cuerpo físico de los mexicanos y por el otro, reduciendo también en gran medida la contaminación ambiental y la destrucción del planeta.

Capítulo III.9

La Vivienda

Para abordar el tema relacionado con la vivienda, enfocaremos primeramente nuestra atención en la problemática en que vive una pareja, a lo largo de toda su vida dentro del capitalismo, en torno al tipo de vivienda en que vive.

A continuación, presentamos en forma cronológica, los diversos retos de las parejas mexicanas, desde que contraen matrimonio hasta su fallecimiento, ya sea que vivan en provincia o en la ciudad y que habiten en una vivienda tal como la conocemos.

SUSTENTO ECONÓMICO AL INICIO DEL MATRIMONIO

Los casamientos en el México actual se realizan en muy variados entornos, en seguida mencionaremos los principales: cuando sus condiciones son favorables, los recién casados poseen un empleo o negocio, y por tanto, tienen suficientes recursos económicos para iniciar su matrimonio; en otros casos, el varón o la dama es el único o única que cuenta con alguna fuente de ingreso, y en esas condiciones realizan la boda; también tenemos situaciones en las que ninguno de los novios cuenta con algún ingreso estable, generalmente son personas muy jóvenes que los padres los obligan a casarse, por cuestiones de que la novia queda embarazada; por último tenemos los casos en que no existe matrimonio, pero la joven queda embarazada y puede suceder que cuando el joven no quiere responsabilizarse, la joven tiene que trabajar, o sus padres le ayudan a sacar adelante al nuevo miembro de la familia. En todas y cada una de las situaciones anteriores representan retos muy grandes para los recién casados pero en los últimos dos casos son retos aún más difíciles que en muchas ocasiones van acompañados con un alto grado de sufrimiento para la madre y para el hijo.

COMPRA Y AMUEBLADO DE LA VIVIENDA

1.- Los recién casados en forma natural necesitan una casa habitación donde iniciar su matrimonio, pero como sabemos, todo bien inmueble tiene un precio elevado, por tanto, la gran mayoría de ellos tienden a resolver este problema de la siguiente manera: solicitan un crédito a 15, 20 o 30 años, endrogándose gran parte de su vida; otros rentan un departamento según sus posibilidades de ingresos; muchos otros deciden acondicionar la casa de los padres de alguno de los conyugues; y por último, algunos otros deciden quedarse arrimados con algún familiar o amigo. Así vemos que de una o de o de otra manera, la nueva pareja inicia con una gran traba su vida familiar, que irán resolviendo a través del tiempo según sus capacidades y posibilidades.

2.- Los recién casados, aparte de resolver inicialmente el problema de la vivienda, por lo general, también tienen que resolver el problema de amueblar o acondicionar el lugar en donde van a vivir, y en cuyo caso también representa un fuerte desembolso inicial y a través del tiempo, hasta lograr tener todo lo necesario para vivir.

EL PRIMOGENITO

1.- Cuando la conyugue queda embarazada por primera vez dentro del matrimonio, se inician los preparativos para el parto, significando por lo general de siete a ocho meses de revisiones periódicas, lo que implica una serie de gastos por parte de los futuros padres y/o del gobierno. Para la llegada del bebé se requiere del acondicionamiento de un lugar adecuado, de tal manera que también se presentan gastos de muebles y enseres, ropita para bebé, juguetes etc. Y lo que es muy importante, es que alguien tiene que cuidar de tiempo completo al recién nacido, situación que se complica cuando la madre trabaja.

2.- Conforme va creciendo el nuevo integrante de la familia, se va acondicionando periódicamente su recamara de tal manera que ésta se va adaptando a las diferentes etapas de crecimiento, cambios de personalidad y a su nivel escolar, hasta alcanzar la mayoría de edad, la titulación técnica o profesional. Obviamente que esto requiere de un compromiso por parte de los padres, para solventar todos estos gastos a través del tiempo.

Cabe señalar que la mejor situación mencionada anteriormente, que se puede pensar como la ideal para estos tiempos, se realizan cuando existen los recursos económicos, culturales y de salud suficientes para cumplir con este compromiso; pero en México con el ochenta por ciento de la población en situación de pobreza, esta etapa de la vida se altera, se deteriora y se hace más difícil conforme se va manifestando una situación de carencia. Dichas carencias tuercen, distorsionan y alteran el ideal que se va traduciendo en: Un mayor número de hijos que no pueden mantener, parejas que viven con otros parientes, hijos que tienen que trabajar para sobrevivir e inclusive que tienen que mantener a los padres, atender a personas con salud reducida, matrimonios que viven arrimados, familias incompletas por causa de un divorcio, pleito, abandono o fallecimiento de algún miembro de la familia, etc.

DESEMPEÑO COMO PADRES

1.- Sabemos que en la actualidad gran parte de las mujeres trabajan fuera de casa, situación que dificulta el cuidado de los hijos, aunque algunas veces, cuando el conyugue queda desempleado, él también colabora en dichas actividades, u otras veces son los abuelos o algún otro familiar que sustituye a la madre en las actividades hogareñas.

2.- Los padres responsables invariablemente tienen el compromiso de llevar el sustento a la casa, so pena de empezar a ver infinidad de conflictos entre las parejas por la falta de recursos. Desafortunadamente, en este sistema capitalista, nadie tiene un empleo asegurado, salvo los que trabajan en el gobierno, por tanto, hay un determinado nivel de estrés permanente entre la gente que trabaja, a causa de la posibilidad de perder el empleo, mayoritariamente ahora, que gracias a la corrupción en México, propiciada por el neoliberalismo, los patrones se las arreglan para evitar el pago de las liquidaciones.

CUANDO SE LLEGA A LA TERCERA EDAD

1.- Para la mayoría de los conyugues, conforme se van acercando a la tercera edad, la preocupación del sustento, cuando menos en México, se incrementa; por un lado, por el riesgo de ser despedidos y ya no poder ser contratados; y por otro, por asegurar un ingreso cuando ya no se pue da trabajar, so pena de vivir sus últimos días pasando penurias o sentirse una carga para los hijos y muchas veces ser despreciado por ellos.

2.- Por último, los conyugues responsables tienen la preocupación de juntar dinero para sus gastos funerarios, montos que son sumamente fuertes, si se quiere recibir algún servicio funerario decente.

Sabemos que esta somera explicación, tiene muchas variantes que no fueron mencionadas, pero de lo que se trata es de determinar, en términos generales, los niveles de presión mental y física a que es sometido el ser humano en general a lo largo de toda su vida, situación que se debe en gran medida al sistema socio-económico en que vivimos, llamado "Sistema Capitalista", y que trae como consecuencia a la larga, infinidad de padecimientos humanos de índole psico-somáticos como son: envejecimiento prematuro, depresión, miedo, insomnio, ansiedad al consumismo, comportamientos anti-sociales, soledad, tristeza, pereza, un sin número de enfermedades, suicidio, obesidad, individualismo, indiferencia al sufrimiento ajeno, masoquismo, sadismo, violencia, etc.

Un ejemplo muy claro de la inconformidad y rechazo a esta forma de vivir se da en los países europeos, donde cada vez más mujeres de aquellos países ya no les interesan tener hijos, por todo lo que esto representa, provocando que exista un decrecimiento demográfico.

Entonces cabe preguntarnos ¿Puede el ser humano revertir esta tendencia? ¿Podrá el ser humano diseñar otro sistema socio – económico completamente diferente al actual para poder salvarse de semejantes penurias? O dicho de otro modo ¿Podremos diseñar otro tipo de vivienda poniendo así las bases para otra forma de vivir?

Capítulo III.10

Inversión Extranjera

Al parecer el nuevo gobierno está muy interesado en que otros países inviertan en México, pero no con la misma intensión neoliberal de los pasados gobiernos de regalar los recursos naturales del país, sino que traigan inversión y tecnología para beneficiar al pueblo de México, pagando sus impuestos.

Los inversionistas extranjeros invertirán en México siempre y cuando existan las condiciones adecuadas para proteger sus capitales y obtener ganancias que concuerden con sus intereses, de allí la necesidad del nuevo gobierno mexicano de generar un ambiente socio-económico sano para que México sea atractivo al capital extranjero.

A parte de que México está en una posición geográfica muy favorable con respecto a uno de los mercados más grandes del mundo, podríamos ofrecer a los inversionistas, como una situación especial, también la posibilidad de sustituir por completo el costo de mano de obra y sueldos de todos los empleados mexicanos involucrados en la empresa extranjera, por la inversión deducible de una CEPADECITE y su sustento, ya que les saldría mucho más económico que el monto total de sueldos, salarios y prestaciones, generándose así una posición más competitiva para dicha empresa.

Otro beneficio muy importante para los mexicanos que son empleados de las empresas extranjeras, sobre todo para el caso de inversión China, es que en las CEPADECITE no se permitiría ningún tipo de explotación ni abuso del personal, ya que la administración de la CEPADECITE sería completamente independiente de la empresa extranjera, de tal manera que, a mediano plazo, no existiría la dependencia económica ya que las CEPADECITE generaría su auto sustentabilidad.

Capítulo III.11

El Poder Judicial

En este periodo de transición que está sufriendo el Estado mexicano, de los tres Poderes del Congreso de la Unión, el que ha manifestado más renuencia al cambio es el Poder Judicial por obvias razones. Todos los regímenes corruptos anteriores consintieron considerablemente a los funcionarios de mayor rango de este Poder, les ofrecieron, no nada más sueldos cinco veces mayores a los que gana el mismo presidente de la república, sino le han permitido tener el arca abierta de todo el presupuesto anual de decenas de miles de millones de pesos para que se sirvan con la cuchara grande, abusando del nepotismo, etc., todo para que se hicieran de la vista gorda a cuanta corruptela quisieran hacer los otros poderes; esa es una de las causas principales por la que en México hay 80 millones de pobres. (*)

A mi parecer, hay un gran vacío constitucional o una gran l imitación en cuanto al contenido y significado de la expresión "Impartición de Justicia" por parte del Poder Judicial, puesto que contemplan como impartición de justicia únicamente la observancia de las leyes y resolver las controversias entre las personas de los diversos sectores de la población.

A los únicos a los que se les ha dado el derecho de impartir justicia son precisamente a los Licenciados en Derecho, y de hecho, son a los únicos que contratan para esta función en dicho Poder, desafortunadamente a través del tiempo han demostrado que a la gran mayoría, lo único que les ha interesado es el beneficio personal y no la impartición de justicia con sentido social.

Vemos que la forma de impartir justicia arriba mencionada, seguramente continuaría en una post modernidad ya que dicha estructura pertenece irremediablemente a una percepción eurocéntrica, estructura que se maneja a nivel mundial y difícilmente se lograría cambiar, puesto que obedece a los intereses de las élites nacionales e internacionales.

*(CAROMETOCH – 3)

Pero si quisiéramos darnos la oportunidad de liberar nuestra imaginación y ver cómo sería el Poder Judicial en el periodo de transición hacia la Transmodernidad, una opción podría ser la siguiente:

La expresión de "Impartición de justicia" tomaría un significado completamente diferente ya que el poder judicial daría el verdadero valor que las personas tienen, ya no como un apéndice del capital, sino como la parte central y principal a quien se debe servir; entonces se encargaría, no nada más de resolver controversias, eso sería lo menos relevante; lo más importante sería que este Poder tenga la función, primeramente de darse a la tarea de inspeccionar la vida de todo el pueblo mexicano, cómo vive, que carencias tiene, que necesita para ser feliz, con que problemas y dificultades se enfrenta, de que padece, cuáles son sus aspiraciones, cómo es su comportamiento familiar, social etc., y curiosamente el Poder Judicial cuenta con una de las herramientas más eficaces para lograrlo, que es el trabajo del ministerio público, donde efectivamente llegan en forma natural, gran parte de la problemática de una sociedad, pero desafortunadamente en la actualidad, no se aprovecha esta información para descubrir lo anteriormente expuesto.

A esto habría que añadir, que para darle un manejo científico a esta información, de tal manera que sea utilizable, se manejarían formatos adecuados para organizar dicha información y pueda ser estudiada y analizada por otros profesionistas que pertenezcan a este Poder, como psicólogos, psiquiatras, sociólogos, médicos, ingenieros industriales, astrólogos, filósofos, historiadores, etc., con la finalidad de que de cada disciplina se pueda obtener un informe desde su particular punto de vista. De allí en reuniones interdisciplinarias se podrían sacar conclusiones fidedignas, prácticas, reales y certeras para la toma de decisiones en el mejoramiento de la vida pública del país; claro está, que todo ello encaminado hacia una previa visión hacia la Transmodernidad establecida en una nueva constitución. Ésta sería la mejor fuente de donde sacar y presentar certeras, adecuadas, y funcionales iniciativas de ley para verdaderamente lograr el bien común; ahorrándose así gran cantidad de tiempo del Congreso de la Unión en debates y presentaciones de iniciativas de ley que muchas veces son absurdas, banales e inútiles, y que además en su gran mayoría son manifestaciones de intereses personales, de grupos minoritarios de bancadas políticas.

La siguiente etapa sería la inspección y supervisión de la implantación de las soluciones a la diversa problemática de la sociedad, registrando científicamente el proceso y sus resultados de tal forma que tengamos una visión clara del avance logrado, y una fuente de información para la posible corrección o modificación y lograr, con esto, un continuo perfeccionamiento.

Donde el Poder Judicial tendría que poner más énfasis de la inspección y supervisión, sería en los resultados que emanen del trabajo de la Secretaría de Educación Pública, que obviamente sería una secretaría completamente diferente a la actual, ya que sería una entidad adecuada a la pre trans modernidad. Dicho énfasis sería porque sabemos que uno de los principales motores de desarrollo de una sociedad es la educación integral de sus miembros.

Cuando se tenga cierto nivel de avance en los resultados de este nuevo sistema de impartir justicia, luego entonces, este Poder tendrá la autoridad moral y cívica para juzgar el mal comportamiento de las personas, ya que un comportamiento malicioso no tendría justificación en un ambiente social sano, justo, igualitario, con abundancia de recursos para todos y con posibilidades infinitas de desarrollo personal.

De esta manera se tendrían las bases para entrar adecuadamente al desarrollo de la Transmodernidad.

Capítulo III.12

El Poder Financiero

En este periodo mexicano de transición, gracias a la facilidad del acceso a la información financiera que proporciona el Internet y en especial a los diversos comentarios de los YouTubers inteligentes que explican con claridad y sencillez estos temas, nos damos cuenta que las corporaciones financieras internacionales, haciendo gala de su poder, sienten que tienen el derecho legítimo de manipular a su antojo las finanzas públicas y privadas de todos los ciudadanos del país, de tal manera que presionan intensamente al nuevo gobierno, a dirigir sus políticas financieras y sociales para beneficiarlos a ellos en perjuicio del pueblo de México. Sienten que lo pueden lograr, puesto que a través de las maquiavélicas negociaciones desde Salinas de Gortari hasta Peña Nieto, han logrado quedarse con la banca mexicana y con gran cantidad de empresas estatales y recursos naturales, todo esto manejado por los conceptos del neoliberalismo, que tanto ha dañado a las economías de los países en vías de desarrollo.(*)

Esta situación en un futuro post moderno, jamás podrá ser eliminada ni controlada y dirigida para beneficio del pueblo de México, puesto que los intereses nacional e internacional de estas corporaciones son enormes, y estamos bien sometidos financieramente por los grandes compromisos de pago de intereses de todo tipo de deudas, ya no se diga del pago del capital.

Una de las dificultades más grandes para alcanzar la Transmodernidad es el yugo financiero en que nos metieron los gobiernos anteriores desde los Tratados de Bucareli en 1923 hasta nuestros días con Peña Nieto; pero un pueblo unido con la conciencia de saber lo que quiere y el ferviente deseo de lograrlo, seríamos capaces de impulsar negociaciones y convenios internacionales para que paulatinamente el pueblo de México salga adelante y venza ésta y cualquier dificultad que se presente en el camino hacia una trans modernidad.

Una de las formas para ir eliminando este yugo financiero es ir

*(CLAALTE – 1)

desintegrando el poder del dinero, primero eliminando la posesión del dinero en manos de los individuos y que la moneda actual sea manejada por las administraciones de las ciudades ecológicas productivas autónomas y de desarrollo científico y tecnológico (CEPADECITE); posteriormente, mediante un patrón intangible cibernético de uso exclusivamente nacional, se podrían desarrollar las mismas negociaciones comerciales pero ahora entre ciudades ecológicas de cada estado de la república, dejando el dinero actual para las negociaciones entre estados; por último, mediante el patrón intangible cibernético perfeccionado, se podrían desarrollar las negociaciones comerciales entre los estados, y así eliminar por completo el dinero circulante actual. Se dejaría el ingreso de las divisas en manos del gobierno central para las negociaciones internacionales. El software diseñado para manejar el patrón de intercambio comercial intangible nacional sería instalado en una red exclusiva mexicana, desarrollado por expertos mexicanos.

Capítulo III.13

El Dinero

La herramienta más poderosa que tienen las cinco familias que controlan el mundo, es el dinero en sus diferentes formas. Estas gentes lo que han hecho desde hace cientos de años, es prestar dinero por medio de corporaciones financieras y bancarias tanto a personas físicas, como a personas morales de todo tipo y hasta gobiernos de casi todos los países del orbe , a diversas tasas de interés que mantienen a los pueblos completamente sojuzgados.

Resulta ser en resumidas cuentas, que el dinero lo controla todo, y lo puedes constatar simplemente metiendo la mano en tu bolsillo. Tienes dinero adquieres lo que necesitas, vas a donde quieras, disfrutas de las diversiones que desees, te vistes como te gusta, te puedes aliviar de tus enfermedades, puedes mantener a tu familia, etc.; si no lo tienes, entonces no tendrás nada de lo anterior y la gente te despreciara y s i alguien se apiada de ti te regalara un s imple bolillo.

A los gobiernos, como el de México, les pasa exactamente lo mismo, están supeditados al ingreso anual por los impuestos que nos cobran a todos, por los ingresos de las empresas estatales y por los préstamos que solicitan a las élites financieras, que por cierto, en una forma perversa, corrupta, miserable y traicionando al pueblo de México, los anteriores gobiernos han endeudado al país en más de diez billones de pesos, cuyo pago del interés anual es de alrededor de setecientos mil millones de pesos. Entonces, s i el gobierno tiene dinero, puede darle educación a toda su población, puede darle salud, puede darle empleo, puede darle vivienda, en general puede darle bienestar; pero s i no lo tiene, porque se lo roban los funcionarios corruptos, porque hay que pagar intereses de la deuda pública o los grandes empresarios no pagan correctamente sus impuestos, pues sencillamente pasa lo que está pasando actualmente en México, la lista de dificultades económicas es muy grande, por tanto, no tiene caso mencionarlo.

En la opción de un futuro post moderno, ni la humanidad ni México se podrán deshacer jamás de este lastre, generador de sufrimiento y dolor, puesto que, como ya lo hemos dicho, en la opción de la Postmodernidad, solo se pretenden hacer cambios lo suficientemente superficiales como para continuar con este mismo régimen y solo hacer lo mínimo indispensable para evitar el derrumbamiento de este sistema caduco y degenerado, evitando también así las insurrecciones sociales.

El ser humano actual está acondicionado o acostumbrado a trabajar para recibir un sueldo o dirigir un negocio para obtener una utilidad, pero ambos lo hacen con la finalidad de tener posibilidades de adquirir lo que necesitan, y el monto que reciben es de acuerdo a la capacidad de transformar su esfuerzo en dinero. El asalariado recibe su sueldo según cotice y según la empresa donde esté contratado, y el empresario recibe según las utilidades que genere su empresa, por lo tanto, entre más gana, más posibilidades de satisfacer sus necesidades y sus gustos, entre menos gana, menos posibilidades tendrá de hacerlo.

También hay que exponer que las élites financieras, en su plan de establecer el Nuevo Orden Mundial, tienen el propósito de sustituir el dinero en efectivo, por tarjetas de débito y por aplicaciones en los celulares con los códigos QR; todo esto con el propósito de controlar en forma absoluta los ingresos de las personas, es decir los sueldos, salarios y paulatinamente desaparecerán los ingresos por ganancias en negocios; y también controlarán las compras, pago de impuestos, multas, e inclusive tendrán el poder de castigar por desobediencia o inconformidad. (*)

En una opción trans moderna, donde lo principal es el ser humano y no el capital, para evitar lo anteriormente expuesto, se buscaría la manera también de eliminar completamente el dinero circulante, pero desterrando toda posibilidad de control capitalista perversa. Pero ¿Cómo poder desterrarlo? Para entenderlo tendremos que echar a volar nuestra imaginación e inventar una forma de vivir nueva para un nuevo futuro. Se propone lo siguiente.

En primer lugar, dejaría de existir el asalariado y el empresario, todo mexicano estaría en las mismas condiciones económicas, no tendría necesidad de trabajar hasta cumplidos los veinticinco años; de cero a veinticinco años tendría todo el tiempo y todas las posibilidades

*(CLAALTE – 1)

para estudiar, capacitarse, desarrollarse interior y exteriormente, cultivarse y prepararse para una nueva etapa de su vida.

En una segunda etapa, tendría la plena opción de comprometerse con una pareja para tener un solo hijo, en lo que entramos de lleno a la Transmodernidad; si esto sucede, tendrían siete años más sin la necesidad de trabajar para atender y disfrutar a su hijo hasta la edad escolar del niño; y mientras atienden adecuadamente a su hijo, podrían empezar a estudiar una carrera técnica que les lleve unas horas al día; o s i prefieren una carrera de especialidad, tendrían que trasladarse a una ciudad exprofeso.

A los treinta y tres años de edad, empezaría su periodo laboral, que ahora se llamaría "Servicio a la comunidad", y ya jamás sería trabajar para algún particular; iniciando con una jornada de 8 horas, a los cuarenta años se pasaría a una jornada de seis horas, a los cincuenta pasaría a una jornada de 4 horas, a los sesenta pasaría a una jornada de 2 horas y a los setenta dejaría de trabajar nuevamente para dedicarse plenamente a su desarrollo personal interior.

La vida del mexicano se desarrollaría en pequeñas ciudades sú per modernas, distribuidas en todas las cabeceras municipales del país con construcciones arquitectónicas similares a grandes zonas hoteleras techadas como plazas comerciales gigantescas, teniendo todos los servicios en su interior, habitaciones dormitorio de diferentes tamaños muy confortables , restaurantes, centros de lavado, oficinas administrativas, áreas de esparcimiento y descanso; alrededor de esto tendríamos todos los centros culturales y de investigación científica y tecnológica, para el desarrollo permanente del citadino mexicano, todo esto adornado con grandes y bellos jardines; y en una forma que circunde a este centro urbano, estarían las tierras de cultivo para el consumo de alimentos frescos e instalaciones especiales para la producción de alimentos del reino animal; así como modernos talleres para las pequeñas producciones de artículos necesarios para el consumo de la comunidad, y para el mantenimiento de las instalaciones.

Con todo esto se lograría eliminar varias necesidades que se tienen que cumplir en un sistema capitalista, como la necesidad de comprar un lugar donde vivir y con la obligación de amueblarlo; se eliminaría el consumismo absurdo y desmedido que genera una tremenda contaminación al medio ambiente, y se protegería a la naturaleza de la destrucción atroz por la producción inconsciente de bienes de consumo.

En términos generales, así estaría diseñado el nuevo México, y todo esto se podría disfrutar sin dinero de por medio, únicamente cumpliendo con su servicio a la comunidad desde los treinta y tres años a los setenta, considerando la disminución de la jornada a través de los años.

Uno de los mejores beneficios que se lograría al eliminar el dinero, es que se evitaría definitivamente la gran cantidad de desfalcos que se realizan en el gobierno, desde gastos suntuosos hasta desvíos y robos multimillonarios por parte de los altos funcionarios públicos.

Otro beneficio muy importante sería la eliminación del incremento del precio de los productos por el costo de venta al menudeo, es decir, dejaría de existir todo tipo de tiendas pequeñas, medianas, grandes y gigantes que venden al menudeo, pues sin dinero, el ciudadano recibiría todo gratis y existirían únicamente precios al mayoreo que serían manejados por los administradores de las ciudades; así se evitaría cualquier forma de robo.

Posteriormente, mediante un patrón cibernético de transacción comercial, las administraciones de las ciudades podrían ir satisfaciendo sus requerimientos, eliminando así las limitantes de no tener circulante.

Capítulo III.14

La Contaminación Ambiental

Uno de los motivos en que el Doctor ha insistido más para iniciar un cambio de régimen, es el deterioro tan vertiginoso que está teniendo el planeta tierra y no estamos poniendo la debida atención, pues seguimos consumiendo y consumiendo como si no pasara nada. A estas alturas, ya existen infinidad de videos que muestran cómo está quedando el planeta por tanta contaminación ambiental y cómo malos gobiernos en contubernio con organizaciones financieras lo están destruyendo. (*) Esperemos que con este paro mundial de labores, provocado por la pandemia, se haya detenido un poco esta vorágine destructiva ambiental.

A continuación expondré una serie de circunstancias mundiales que nos pueden dar la oportunidad y el tiempo necesario para reflexionar y pensar en otras formas de vida humana, estos son los siguientes: la farsa del Coronavirus, que el capitalismo se está deteniendo, que las élites globales quieren eliminar por completo a la gran cantidad de dueños de negocios a nivel mundial, que quieren acabar con las dos terceras partes de la humanidad por cuestiones eugenésicas, y que quieren estructurar una forma de vivir ignominiosa para el ser humano. Aprovechemos todas estas circunstancias para organizarnos nosotros mismos como seres humanos pensantes y concientes, que quiere y merece ya su libertad y diseñar su propio camino. Este pequeño libro bosqueja, precisamente eso, esa idea, esa propuesta, esa iniciativa, con plena libertad de pensamiento y creatividad, fuera del dominio epistemológico euro centrista; para que entre todos establezcamos nuestro propio Nuevo Orden Mundial.

También tenemos que tomar en cuenta que el clima está cambiando, ya sea por cuestiones causadas por el hombre, o por la naturaleza misma al estar integrado este planeta a ciclos cósmicos; por tal motivo, es muy importante que se empiecen a realizar cambios en la arquitectura de las zonas habitacionales de los seres

*(REVHUM – 2; RT – 1; GERAMA – 1; DW - 1; DW – 2; DW – 3; TVUNAM – 1; DANKEV – 1)

humanos, de tal manera que se adapten a las nuevas condiciones climáticas futuras, para evitar que la humanidad sufra, como está sucediendo ya en estos momentos en muchos países.(*)

De allí la importancia de realizar las nuevas ciudades ecológicas mencionadas en este libro

*(HEASOM – 2

Capítulo III.15

Crítica a Algunos Paradigmas de México Antes de la Pandemia

Los pueblos del mundo, incluyendo el mexicano, han tenido que sufrir y soportar las consecuencias de las agresivas determinaciones neoliberales por más de tres décadas y por cientos de años las del sistema capitalista; pero para mucha gente, esto es normal, es decir, piensan que así es la vida, y suelen decir que si algo no te gusta, adáptate porque nadie puede cambiar al mundo. Para mí, este pensamiento es un pensamiento conformista y mediocre, porque sé que entre todos los que ya estamos concientes de lo que está pasando en el mundo, sí podemos cambiar las formas de vida actual del ser humano, y para empezar, es necesario criticar al sistema socio-económico actual, es decir, expresar sin miedo y abiertamente lo que no te gusta de él, por tal motivo, realizaré en este espacio, una pequeña crítica a los resultados de la aplicación de esas determinaciones capitalistas en el México actual, que marcan y estructuran las formas de la vida presente.

Debido a la trascendencia de la pseudo pandemia que estamos viviendo, realizaré la crítica en dos tiempos, en este capítulo se criticarán algunos paradigmas de antes de la pandemia y en el siguiente capítulo, serán después de la pandemia.

Pero como estoy consciente que no es suficiente únicamente criticar, sino también creativamente dar soluciones, al final de cada paradigma, expreso cómo veo que pudieran ser las cosas.

Medios de Comunicación Tradicionales

Desde hace muchos años el gobierno les ha dado a la iniciativa privada concesiones para la explotación de los medios de comunicación como son: radio, televisión, cine, periódicos y revistas.

Perjuicio a la Sociedad

-La información noticiosa siempre ha sido manipulada en beneficio de las elites dominantes provocando que el pueblo esté mal informado y que esté alejado de la verdad y de la realidad que vive el país.

-La información que difunden estos medios tradicionales generan una cultura que dañan la mente y el alma humana ya que trasmiten violencia, desigualdad social, discriminación, aceptación de la guerra, falsas realidades económicas, evitan comunicar las corruptelas de los políticos, etc.,

-Estos medios divulgan un conocimiento eurocéntrico provocando una dependencia epistemológica que nada tiene que ver con la naturaleza del mexicano.

Propuesta

En la Transmodernidad, la radio y la televisión ya no tendrían razón de existir puesto que se sustituirían por el Internet, con la ventaja de la interacción entre, el que transmite y su audiencia, los medios impresos también desaparecerían porque dañan al planeta y no es correcto que los dueños del capital se sigan beneficiando a costa de la vida del planeta.

El cine se manejaría como un arte de entretenimiento y no como negocio. Y ahora sí el Internet y el cine deben servir para divulgar la verdad y generar una cultura de alto nivel para el mejoramiento continuo de la vida de los mexicanos.

Educación Familiar

Los padres tienen la responsabilidad de la educación conductual de los hijos y de su correcta alimentación.

Perjuicio a la Sociedad

Debido al alto nivel de ignorancia provocado por el desinterés de los gobiernos anteriores de educar a sus gobernados, la gran mayoría de los padres de familia, desconocen las formas adecuadas de educar a sus hijos, y muchas veces creyendo que lo están haciendo bien, es todo lo contrario, les generan traumas, miedos, estrés, angustia, etc. Aunado a esto, también tenemos problemas de una mala alimentación, ya sea por una deficiente cultura alimentaria o muchas veces porque los padres tienen que salir a trabajar, y a los hijos se les alimenta con comida comprada de dudosa calidad, o comida industrializada, que por lo general, tienen un bajo contenido nutricional, provocándoles así enfermedades.

Propuestas

-Que se eduque y se concientice a las nuevas parejas para que tengan un solo hijo (en lo que se integra ampliamente la Transmodernidad) y se les permita tenerlo hasta los veinticinco años, ya contando para entonces con una educación con los nuevos cánones y valores de una nueva sociedad altamente desarrollada.

-Que las parejas que actualmente tienen hijos menores de seis años, se les brinde un ingreso por parte del estado para que se dediquen de lleno al cuidado de los mismos, habiendo cursado previamente un curso de capacitación y entrenamiento.

-Las parejas que tienen hijos mayores a seis años y menores a 18, que también el estado les proporcione cursos para la educación y mejora en la convivencia con sus hijos, con el objeto de apoyar el cambio hacia la Transmodernidad.

-Las parejas que tienen hijos mayores a 18 años y hasta hijos antes de titularse o antes de empezar a trabajar, los padres también tendrán que tomar un curso de orientación a sus hijos para las nuevas disposiciones gubernamentales de la cuarta transformación.

Traslados

Mucha gente se traslada de un lugar a otro.

Perjuicio a la Sociedad

Debido a que los medios de transporte como autobuses, aviones, trenes o automóviles no son altamente desarrollados, la gente pierde mucho tiempo y con frecuencia es muy cansado.

Propuesta

Desarrollar centros de investigación tecnológica altamente avanzada para aplicar los resultados de las investigaciones en la fabricación de medios de transporte de súper alta velocidad y confortables.

Enfermedades

Para contrarrestar el problema de las enfermedades, los gobiernos y la iniciativa privada invierten miles de millones de dólares en hospitales, clínicas y centro de salud, así como también en medicamentos y en instrumentos quirúrgicos y equipo médico.

Perjuicio a la Sociedad

Uno de los negocios más grande del mundo está relacionado con las enfermedades, por tanto, los dueños de estos negocios buscan la manera de tener y acrecentar cada vez más su clientela, es decir, enfermos; para ello, entre más gente esté enferma mejor, entonces obligan a los gobiernos corruptos a mantener a su población con cualquier tipo de padecimiento.

Propuestas

-En las ciudades ecológicas de la Transmodernidad no existirán productos alimenticios industrializados puesto que allí mismo se producirán alimentos frescos y cien por ciento orgánicos, se evitará el consumo de alimentos transgénicos. Igualmente el alimento del reino animal será fresco y no refrigerado.

-La comunidad promoverá la cultura del deporte sin ser de alto rendimiento.

-La comunidad contará con programas para elevar la cultura del cuidado de los cuerpos físicos, mental, emocional y espiritual.

-El estado construirá pequeñas ciudades techadas, estructuradas como los grandes hoteles de gran lujo, confortables, agradables, con grandes jardines, con todos los servicios, buscando un ambiente saludable y el bienestar de sus habitantes, de esa manera la gente dejará de enfermarse.

Poder Judicial

El Estado está constituido por tres poderes de la unión, uno de ellos es el Poder Judicial, el cual está encargado supuestamente de impartir justicia por medio de la aplicación de las normas y principios jurídicos en la resolución de conflictos.

Perjuicio a la Sociedad

Debido a que este Poder solo puede estar representado por licenciados en derecho, y ellos no cuentan con ninguna educación de conciencia social como la tienen los sociólogos, en el régimen anterior alcanzaron un alto nivel de corrupción y están actualmente generando muchos impedimentos para establecer la cuarta transformación.

Propuestas

Rediseñar completamente al Poder Judicial en base a:

-Ampliar la misión de este Poder, eliminando la l imitante de únicamente impartir justicia por medio de la aplicación de las normas y principios jurídicos en la resolución de conflictos y aumentarlo hasta que este Poder verdaderamente se encargue y se responsabilice por establecer y estructurar todas las condiciones justas para la vida del pueblo mexicano.

-Deben participar muchos otros profesionistas de otras disciplinas en la impartición de justicia para determinar con mayor precisión las causas y soluciones de los conflictos y problemas sociales.

Presupuesto de Egresos de la Federación

El Estado requiere de recursos monetarios para poder cumplir con sus funciones. Existen diferentes fuentes para generar esos recursos y con ello se realiza un presupuesto anual. La orientación, el destino y el tipo de gasto se detallan en el Presupuesto de Egresos de la Federación, documento que autoriza la Cámara de Diputados del Congreso de la unión.

Perjuicio a la Sociedad

Algunos factores para encausar el desarrollo de México y el estado de bienestar de los mexicanos son: el interés de la Iniciativa Privada nacional e internacional para generar intercambios, de los recursos monetarios que dispone la Secretaría de Hacienda, del buen uso que se les dé y de los impuestos estatales.

Debido a los todavía altos niveles de corrupción, los recursos estatales son escasos y mal utilizados, generando con todo esto pobreza y desigualdad social. Con respecto al erario federal, debido a las l imitaciones para generarlo y a la forma de recaudarlo, siempre es mu y difícil que sea suficiente para las necesidades del total de la población. Y por último, la iniciativa privada siempre velará por sus intereses de enriquecimiento, antes de servir a la sociedad pagando sus impuestos.

Propuesta

En la Transmodernidad, el erario dejaría de ser generado por la recaudación de impuestos y por los préstamos internacionales, dejándolo en gran parte, en manos del ingreso de divisas por las exportaciones de las grandes empresas estatales mexicanas, para así poder importar todo lo necesario y derramarlo donde se requiera por medio de los Centros de Acopio. Por otro lado tendríamos la emisión de moneda nacional ya s in riesgo inflacionario, controlada por un Banco de México honesto, que la distribuya y administre adecuadamente para la s construcciones de las ciudades ecológicas, su financiamiento en el funcionamiento inicial, y para la infraestructura nacional.

Petróleo

Afortunadamente en México contamos con grandes yacimientos de petróleo, a diferencia de otros países que no cuentan con esta fuente de riqueza.

Perjuicio a la Sociedad

Desafortunadamente desde el gobierno de Salinas de Gortari, la explotación de esta riqueza no renovable, paulatinamente ha venido yendo a parar a manos de corporaciones internacionales por concesiones abusivas y desleales; debido a la corrupción, parte de los beneficios económicos se han ido a las cuentas bancarias de los expresidentes de nuestro país y demás funcionarios de los mismos sexenios, como lo fue el robo de combustible, etc.

Por otro lado, tenemos que buscar la manera de generar otras fuentes alternas de energía para evitar que este recurso se termine prematuramente.

Propuesta

Me parece correcto lo que actualmente está proponiendo el nuevo gobierno de dejar de exportar petróleo crudo y con el desarrollo de las plantas de refinación, vender los diversos productos derivados con un valor agregado, de esa manera, el beneficio será mayor; así como también propone en su Plan de Desarrollo, que parte de los ingresos de esta rama productiva y con inversión privada, se canalicen para el incremento de otras fuentes alternativas de energía, para reducir el consumo de este vital líquido, y cuenten con este importante recurso las futuras generaciones.

En la Transmodernidad, las ganancias económicas de las ventas al exterior de los productos derivados del petróleo, servirían para comprar todo aquello que: en México no se ha podido fabricar, para la construcción de las ciudades ecológicas y para la infraestructura nacional.

Turismo

México es uno de los países que posee un gran potencial turístico, tanto por sus bellezas naturales como por su riqueza cultural prehispánica, debido a esto gran cantidad de extranjeros y también familias mexicanas pudientes disfrutan plácidamente de este patrimonio nacional.

Perjuicio a la Sociedad

Desafortunadamente para la gran mayoría del pueblo mexicano, estos placeres son inalcanzables, situación provocada por los malos gobiernos que ha tenido este país. A lo único que podemos aspirar es a tener un trabajo mal pagado en todos los centros turísticos y a observar cómo disfruta la gente pudiente sus gratas vacaciones. Y es aún más indignante saber que los mayores beneficios económicos que reciben los grandes hoteles es para los extranjeros que vienen a invertir en México, y para colmo, debido a la corrupción gubernamental, pagan una nimiedad de impuestos, s i es que pagan.

Propuesta

En un futuro trans moderno, el turismo nacional no sería un lujo, sino se consideraría como una necesidad natural del ser humano, se establecerían varias fechas anuales para el disfrute de unas buenas vacaciones s in costo alguno para los habitantes de las comunidades.

Programas Sociales

El gobierno tiene la necesidad de establecer dentro del presupuesto de egresos, una serie de programas sociales, que consisten en otorgar montos de dinero para ayudar a personas de bajos recurs os económicos, como ayuda a adultos mayores, becas para jóvenes, ayuda a madres solteras, ayuda para la capacitación en el trabajo etc.

Perjuicio a la Sociedad

Sabemos en realidad que estas ayudas son únicamente s imples paliativos que menguan un poco el sufrimiento de la gente, pero s in embargo, dada la cantidad de personas a las que se les tiene que ayudar, el gobierno tiene que erogar cantidades muy fuertes de dinero para satisfacer estas necesidades. En la Postmodernidad, debido a que no se puede eliminar la pobreza, el gobierno seguirá manteniendo este gasto.

Propuesta

Con las ciudades ecológicas ya no se necesitarían estos programas sociales puesto que la comunidad se encargaría de satisfacer plenamente el bienestar de los que la habitan, pues serán ciudades auto sustentables, autónomas y productivas de tal manera que ellas mismas generarán su propia riqueza y bienestar.

La Mafia del Poder

Existe en México una clase social pudiente estratificada que va desde la punta de la pirámide con pocas familias súper poderosas económicamente, hasta gente común que tiene un pequeño negocio y que tampoco quiere que las cosas cambien de tal manera que indirectamente también apoyan a la mafia del poder. Las élites creen, por tener mucho dinero, que tienen derecho de mandar al gobierno mexicano y esclavizar y manipular a su antojo al pueblo de México, y de hecho el sistema socio - económico de este país está estructurado para que así sea y lo han podido hacer desde la invasión española.

Perjuicio a la Sociedad

Ahora que estas élites fueron derrotadas en las urnas por el pueblo de México, apoyado por el partido MORENA con el actual presidente electo a la cabeza, no quieren aceptar su derrota, y están haciendo todo lo posible por revertir lo que el pueblo de México legítimamente ha dispuesto. (*)Desde los últimos tres periodos de elecciones presidenciales, el exlíder del partido de MORENA, ahora presidente de México, el Lic. Andrés Manuel López Obrador ha estado

*(ELCHAPU – 1; CANAL58 -2)

batallando con quienes lo ven como un enemigo a destruir por el simple hecho de querer beneficiar al pueblo, y en estos momentos lo siguen haciendo, pero al tratar de perjudicar al nuevo presidente, también perjudican al pueblo de México. Esto lo podemos ver manifiesto en las benditas redes sociales, al observar cómo los YouTubers de izquierda ponen al descubierto todo tipo de calumnias, noticias falsas y provocaciones, y no se diga la enorme cantidad de bots pagados por los ex presidentes corruptos. Así también vemos oposición a medidas que benefician a los mexicanos como: oponerse a las consultas públicas, contratan grupos de choque para alterar el orden, fuerzan a sus empleados para que los apoyen en protestas contra los cambios positivos para el pueblo, se aprovechan de la todavía gente inconciente, que por una torta, le generan dificultades al nuevo gobierno para desacreditarlo. (**)

Sin pensar mucho las cosas, nos podremos dar cuenta que la mafia del poder y sus seguidores tienen un elemento en común muy importante y crucial para sentirse con la suficiente fuerza para querer seguir teniendo el poder; todos ellos tienen suficientes, sino es que enormes fortunas, que los hacen poderosos y no quieren perderlas, pues les da comodidad, placer, excesos, status, prestigio, vanidad, soberbia, orgullo y lujos. Y lo más importante, cuentan con una maquinaria muy sofisticada que se llama capitalismo que les produce y produce todas sus riquezas y suficientes esclavos que la mantienen funcionando.

Propuesta

En la Transmodernidad, no existiría ninguna mafia del poder, puesto que en este nuevo proyecto no hay dueños particulares de nada al desaparecer la propiedad privada y el dinero personal.

El Cuerpo Físico

El capitalismo percibe al ser humano como un elemento del

capital y no como a un ser vivo a quien hay que tomarlo en cuenta como parte fundamental de la creación, esto ha provocado que no se le dé la debida importancia al cuerpo físico, un ejemplo claro es que en aras de cumplir con la jornada de trabajo, que es lo único que le interesa al capital, forzan al cuerpo a trabajar, inclusive utilizan medicamentos creados para la guerra como, estimulantes, analgésicos y antibióticos; y también, utilizan la manipulación mental de que un trabajador debe ser responsable, cumplido, digno de admiración y respeto por su excelente desempeño laboral, no importando en qué condiciones se encuentre su cuerpo.

Perjuicio a la Sociedad

Éste es uno de los paradigmas más terribles para la humanidad, ya que genera una gran pérdida de la capacidad de recuperación del cuerpo. El cuerpo físico humano es una de las creaciones más grandes y sorprendentes de la naturaleza y de quien o quienes lo hayan diseñado, pero como todo ser vivo, tiene muchas leyes naturales que lo rigen, y en base al seguimiento correcto de esas leyes, es como el cuerpo físico va a responder, y podría vivir cientos de años si así fuera. Desafortunadamente con tal de cumplir con los lineamientos capitalistas, y sin el más mínimo conocimiento de cómo cuidarlo, lo maltratamos, lo despreciamos, no tenemos ninguna consideración con él; muchas veces pide a gritos, agua natural, descanso, sol, relajamiento, buena alimentación, un periodo de purificación, etc., y con tal de cumplir los compromisos, no le ofrecemos nada de eso, consecuentemente, viene primero, para avisar del maltrato, los dolores de cabeza, los dolores musculares, los dolores internos y la fiebre, y si seguimos sin hacerle caso, vienen las múltiples y variadas enfermedades hasta alcanzar el envejecimiento prematuro y la muerte.

Propuesta

En la Transmodernidad se educaría desde el primer año escolar a todos los niños del verdadero valor del cuerpo físico y su cuidado, así como las formas de mantenerlo fortalecido interna y externamente. Se desarrollaría toda una cultura para darle la importancia que tiene y que todo lo que tenga que ver con el cuerpo físico se diseñe adecuadamente, protección en el vestir, protección externa como instalaciones arquitectónicas adecuadas de las ciudades, clima, lugares de descanso, áreas de relajamiento, masaje, servicios de SPA, buena alimentación, etc. Todo esto con la finalidad de que nunca se enferme, que dure muchos años y que pueda cumplir con los compromisos con todo ánimo y empeño.

Esto no podría lograrse en la Postmodernidad puesto que en este régimen también es importante la industria farmacéutica, la industria hospitalaria, y en el Nuevo Orden Mundial se pretende eliminar a los de la tercera edad porque dejaron de ser productivos y es una carga para los gobiernos.

Explosión Demográfica

Por los estudios de Malthus que hizo en diferentes partes del mundo, sabemos que las poblaciones de los diversos países crecen de manera geométrica mientras que los recursos naturales para mantenerlas, crecen en forma aritmética.

Perjuicio a la Sociedad

Cada ser humano que nace, en cualquier rincón del mundo, debe tener las condiciones adecuadas para su desarrollo integral, sabemos que eso no es posible por infinidad de razones como lo es, los malos gobiernos etc. Debido al cruel sistema capitalista, aunado a que no existe un control de la natalidad en la mayoría de los países, se genera la pobreza, la miseria, la escasez de recursos, por la explosión demográfica sin control, situación que favorece a las empresas al existir una oferta desmedida de fuerza de trabajo.

Propuesta

En la Transmodernidad s í existiría un control de la natalidad; en forma conciente las parejas preferirán tener un solo hijo, ya que existe gran cantidad de ventajas, tanto para la pareja como para la comunidad de la villa y esa conciencia se lograría gracias a la culturización del ciudadano desde que nace hasta cumplir los veinticinco años.

El Divorcio

Una de las consecuencias naturales al ir creciendo el ser humano es llegar a la edad de contraer matrimonio. En el mejor de los casos, antes del matrimonio, las parejas se conocen mediante una relación previa llamada noviazgo, en el peor, los padres obligan a los hijos a casarse por haber embarazado a la novia o por haber llegado a un acuerdo entre los padres.

Para oficializar la relación se firma un contrato matrimonial en el registro civil y los católicos se casan por la iglesia, en ambos casos la pareja se compromete a vivir unida para siempre.

Perjuicio a la Sociedad

Según una ciencia milenaria llamada Astrología, la única manera de saber cuál será el futuro de una relación conyugal es, mediante un estudio de sinastría, de otra manera no hay forma de saberlo; aunque el periodo de noviazgo haya sido todo un éxito, conforme pasa el tiempo puede ir desapareciendo todo aquello y cuando ya los conyugue entran en más confianza, los defectos psicológicos o yoes personales empiezan a aflorar y un matrimonio que pudo haber sido normal, dependiendo de qué tipo de yoes tienen las personas que han contraído matrimonio, paulatinamente se puede ir transformando en un infierno con un alto grado de desgaste emocional; de allí viene la necesidad del divorcio con la consecuencia del sufrimiento tanto de la pareja como de los hijos o hijas producto de ese matrimonio. Y peor aún, si por algún motivo la pareja no se puede separar, lleva las de perder el más débil, soportando todo tipo de vejaciones, maltrato psicológico, humillaciones, desprecios, golpes, etc., por parte del conyugue o la conyugue. Cabe destacar que mucha culpa del deterioro en la relación matrimonial es por problemas económicos.

Propuesta

En la Transmodernidad se procuraría que los jóvenes estén concientes de lo importante que es escoger una adecuada pareja según sus formas de pensar y de ser; de allí que se promocionaría la convivencia de las personas de ambos sexos desde el despertamiento de la sexualidad hasta cumplidos los veinticinco años, edad para contraer matrimonio; considerando que las relaciones sexuales se permitirán hasta los dieciocho años (con un rígido control natal, so pena del aborto conciente o retiro a otra ciudad) y tendrán muy presente también que, con quien se casen, vivirán juntos mínimo durante veinticinco años, periodo en que su hijo o hija contraiga matrimonio para formar otra familia. En este lapso de tiempo será prohibido el divorcio para evitar el sufrimiento de las parejas y del hijo o hija.

Intermediación Mercantil

Entendemos por intermediación mercantil al proceso económico que consiste en que una persona física o moral compra grandes cantidades de mercancía al productor de bienes de consumo y lo revenden a precios de mayoreo y medio mayoreo a otros distribuidores más pequeños y más cercanos al consumidor, así pasa de mano en mano hasta llegar a las tiendas que expenden al menudeo.

Perjuicio a la Sociedad

En la forma como está estructurada la distribución de los bienes de consumo en el sistema capitalista, desde el fabricante al consumidor final, es necesario que pasen por intermediarios por conveniencia del fabricante, y así se pasa de distribuidor en distribuidor hasta llegar al consumidor, en donde de mano en mano se incrementa el precio del producto, situación que afecta considerablemente al consumidor final al comprar un producto con varios incrementos en el precio, reduciendo así su poder adquisitivo.

Propuesta

En la Transmodernidad, desaparece por completo tanto los distribuidores como el consumidor al menudeo, ya que la relación comercial se haría únicamente entre las administraciones de las ciudades ecológicas y los Centros de Acopio ubicados en la capital de cada estado, eliminando así, por completo, el incremento de precios del intermediarismo.

Arrendamiento de Bienes Inmuebles

En el capitalismo en general y hablando de México en particular se permite mediante una figura jurídica la posibilidad de que un propietario de algún bien inmueble le genere ingresos al permitir que otra persona posea temporalmente este bien inmueble, mediante un contrato de arrendamiento entre ambas partes obligando al arrendatario a pagar una renta mensual.

Perjuicio para la Sociedad

Uno de los problemas más grandes de los citadinos en las grandes metrópolis de México es que escasea la vivienda, debido a la gran densidad de población, generando con esto más demanda que oferta y en consecuencia los precios de las viviendas se elevan significativamente. Por tal motivo la población que no cuenta con ese recurso, se ve en la penosa necesidad de rentar casa o departamento, desembolsando así mes a mes la renta del inmueble; si por algún motivo ya no puedes pagar esa renta, sin la más mínima misericordia, un juez autoriza que te lancen a la calle. Luego entonces siempre se busca la posibilidad de comprar una vivienda aunque te lleve toda una vida pagarla. Todo esto genera un estrés permanente para las personas que tienen esa necesidad.

Propuesta

En la Transmodernidad se desarrollarán pequeñas ciudades de diseño arquitectónico hotelero, donde todas las personas que vivan en ella tendrán derecho a tener una habitación sencilla o doble que sea espaciosa, cómoda, moderna, agradable y s in costo alguno.

Consumo de Servicios

Uno de los paradigmas más difundidos en el mundo es el pago de los servicios domésticos, agua, luz, teléfono fijo, internet y tiempo aire, aunado al consumo de gasolina, mantenimiento del automóvil y un pago mensual por una vivienda.

Perjuicio para la Sociedad

La obligación del pago por todo lo anteriormente expuesto es una imposición de lo más injusta que hay, porque significa que estas esclavizado a trabajar para poder satisfacer tus necesidades vi tales como ser humano moderno en este planeta, es decir, no pagamos por el aire que respiramos ni por el sol que recibimos únicamente porque no han sabido cómo controlarlo, pero s i algún día lo logran gracias a la mentalidad capitalista cruel y despiadada que reina en el planeta, júrenlo que en la Postmodernidad, también lo pagaremos. Y no conformes con esa crueldad, en vez de que el gobierno administre estos servicios para que la sociedad pague únicamente su costo, el mismo gobierno los concesiona a particulares para que les paguemos ganancias por administrarlos. Esperemos que en la cuarta transformación, esto se acabe.

Propuesta

En la Transmodernidad, al eliminar por completo el dinero, no habrá forma de esclavizar al ser humano, de esa manera todos los servicios estarán completamente garantizados por la administración de las pequeñas ciudades, y los habitantes podrán disfrutar de todo ello sin ningún agobio ni preocupación por algún pago de esta índole.

Despidos

En este sistema capitalista lo importante e s el capital no el ser humano; cuando una empresa entra en una situación de dificultad financiera, reducción de las ventas, subida de costos, etc., lo primero que decide la empresa es despedir a los empleados. (*)

Perjuicio para la Sociedad

El fantasma del despido siempre asecha a todo trabajador o empleado de cualquier negocio, chico, mediano o grande o inclusive de cualquier dependencia gubernamental, no importando muchas veces si eres buen trabajador o no; dicho fantasma genera incertidumbre, miedo, inseguridad, angustia de que un día menos pensado, te manden llamar a la oficina de personal y sales a retirar tus pertenencias del locker porque te vas; algunas empresas tienen la conciencia de liquidar al trabajador conforme a derecho, pero la gran mayoría no es así, les hacen cuentas a conveniencia del patrón y les dan una nimiedad, s i es que tienen suerte.(**)

Propuesta

En la Transmodernidad, las CEPADECITE están diseñadas para tomar en cuenta principalmente al ser humano, aquí no hay necesidad de correr a nadie, pues los negocios que sustentan a la ciudad tienen la finalidad de generar riqueza para todos, y cuando algún negocio deje de funcionar, es porque muy anticipadamente se va generando otro para capacitar a la gente en el momento adecuado. Por otro lado, el tipo de negocio que se tendrían en estas ciudades ecológicas estarán determinados por productos cuya finalidad sean satisfacer plenamente una necesidad y no el s imple consumismo que en la Transmodernidad se evitará a toda costa; y por otro lado todos los productos estarán condicionados a la renovación y a la modernización constante para evitar la obsolescencia, y tomando en cuenta los estudios de mercado, las cantidades de los productos estarán determinadas únicamente para satisfacer plenamente la demanda y no para el enriquecimiento desmedido ni la competencia.

*(CHARLUZ – 1),
**(SEMAT – 9)

Gerardo Sáler

Instituto Nacional Electoral

En la mayoría de los países existen institutos electorales para elegir personas que ocupen cargos públicos de representación popular, en México se requiere de un inmenso presupuesto gubernamental para organizar las elecciones. Debido a la gran cantidad de corrupción se requiere de miles de millones de pesos para cubrir este rubro, uno de los montos más grandes del mundo.

Perjuicio a la Sociedad

El INE es una de las instituciones más onerosas del país, y no se diga el presupuesto de las prerrogativas para los diferentes partidos políticos, que andan alrededor de los cinco mil millones de pesos anuales, esto es en verdad un gasto gigantesco para el beneficio que trae consigo; los votantes en su gran mayoría ni siquiera conocen a sus candidatos, ni los candidatos conocen a sus futuros representados, solo se dejan llevar por el nombre del partido al que pertenecen los candidatos. La gran mayoría de los políticos se preocupan más por buscar permanecer en un curul, que por servir al pueblo.(*)

Los partidos políticos de derecha siempre han engañado al pueblo y han abusado terriblemente del presupuesto gubernamental, se confabularon con el INE para avalar mega fraudes, aunque sus directivos cuenten con súper sueldos. Los partidos de izquierda han tratado de llegar al poder para cambiar las cosas; ahora con este gran logro de la coalición Juntos Haremos Historia y de su líder Andrés Manuel López Obrador que son representante s del pueblo, existe toda la esperanza de que mejore la situación de las elecciones.

Propuesta

Si el país se divide en innumerables pequeñas ciudades ecológicas (CEPADECITE), donde se requiere de una pequeña administración local y todas ellas desempeñándose bajo una nueva constitución, respetando la autonomía, dejaría de existir la necesidad de un gobierno que centralice muchas responsabilidades y dejaría de existir la necesidad de los partidos políticos y por tanto de las elecciones de

112   *(CAROMETOCH – 2)

representación popular; y aplicando la idea de eliminar el dinero para sueldos, el dinero serviría únicamente para las negociaciones entre ciudades, después entre estados, y por último se dejaría para las negociaciones internacionales, y así se eliminaría la tentación del enriquecimiento personal, como son las pretensiones de la mayoría de los políticos en la actualidad.

La Comida

México tiene una gran riqueza culinaria reconocida a nivel mundial, prácticamente cada estado tiene sus especialidades y muchos extranjeros disfrutan de nuestros deliciosos platillos. Esta riqueza viene desde la época precolombina y se enriqueció con la influencia de las personas que permanecieron aquí después de las diversas intervenciones que ha sufrido nuestro país.

Perjuicio a la Sociedad

Una de las particularidades de la comida mexicana es la búsqueda del buen sabor, que esté rica, que sea deliciosa, que agrade al paladar, pero muchas veces esto se logra despreciando el equilibrio energético y nutricional, volviéndose un alimento con alto contenido en grasa, carbohidratos o proteínas sobre todo del reino animal; en vez de ser un alimento para nutrir al cuerpo pasa a ser un alimento dañino que a la larga genera infinidad de enfermedades, empezando por la obesidad. En la actualidad, generalmente los mexicanos esto no lo tomamos en cuenta, y este sistema ha permitido que disfrutemos indiscriminadamente de este tipo de comida, propiciando en forma natural gran cantidad de enfermedades en todas las edades, consecuentemente esto es aprovechado por toda la industria farmacéutica y hospitalaria.

Propuesta

Definitivamente en la Transmodernidad, donde lo principal es la felicidad del ser humano, y parte de la felicidad humana es la salud, se buscaría que la comida principalmente tuviera las características de una alimentación balanceada, nutritiva y de fácil digestión y después vendría el gusto, el sabor, aunque sabemos que una vez acostumbrado el paladar a una buena alimentación, le tomaría el gusto por ella.

Medicamentos

La gran mayoría de la población mexicana le tiene mucha fe a los medicamentos, al grado de que mucha gente considera que cuando un médico no receta medicinas, es un mal médico. Las personas dejan en manos del médico la salud desde el bebe recién nacido hasta el anciano, inclusive los gobiernos designan una gran cantidad de recursos del presupuesto anual para la compra de medicamentos para abastecer a los centros de salud y hospitales, beneficiando desde luego a la gran industria farmacéutica.

Perjuicio a la Sociedad

Los medicamentos definitivamente no son dadores mágicos de salud, los medicamentos originalmente fueron pensados para la guerra, para resolver problemas inmediatos de infección o de dolor en las trincheras, aunque al suministrar la dosis, trajeran aparejado consecuencias perjudiciales para la salud, desafortunadamente el consumo de estos productos se ha extendido en tiempos de paz con las consecuencias de todos bien sabidas.

Propuesta

En la Transmodernidad, lo menos que interesa es enriquecer a la industria farmacéutica, por tanto, en este nuevo sistema se buscará la conservación de la salud mediante el ejercicio adecuado, la buena alimentación, el descanso, la protección del cuerpo emocional y del cuerpo mental, y en caso de enfermedad, se manejaría toda la medicina natural que busca la desintoxicación, el equilibrio homeostático y la recuperación de la energía vital del cuerpo físico, mental y emocional.

Mascotas

Hay una costumbre muy extendida en México que es la de tener mascotas en casa; perros, gatos, pájaros, peces, reptiles y hasta insectos. Una de las industrias más lucrativas es la de fabricación y comercialización de alimentos para todos estos animales, así como de otros productos para el cuidado de los mismos.

Perjuicio a la Sociedad

Uno de tantos problemas de las grandes ciudades es que gran parte de los poseedores de perros permiten que realicen sus necesidades en las calles, y muy poca gente se atreve a levantar las heces, y aun haciéndolo, es poco higiénico tirar la bolsa con las heces a la basura. A la basura van a dar gran cantidad de desperdicios relacionado con las mascotas, desechos orgánicos, arenas para gato, arenas sucias de peceras, pelo, etc.

Aunque directamente no es un perjuicio a la sociedad, sí lo es para los animales en su situación de cautiverio, no tanto para los gatos, pero si para los perros, sobre todo cuando viven en departamentos pequeños con sus dueños. Es aún más triste cuando el perro se hace grande o viejo, deja de ser atractivo y lo lanzan a la calle sin el más mínimo miramiento o sino, los tienen amarrados o encerrados en pequeños espacios. Lo que sí es un perjuicio a la sociedad es la autorización del gobierno de que la gente tenga perros de alto nivel de agresividad; ya se ha sabido de infinidad de casos del daño tan grande que ha tenido mucha gente por la mordedura de perros agresivos, inclusive al grado de fallecimiento de la víctima.

En este sistema capitalista, en aras de tener más y más productos para comercializar y aumentar la recaudación de impuestos, el gobierno da la libertad, que para mí es libertinaje, de poseer mascotas no importando las consecuencias negativas que esto acarree, sobretodo sin manejar la más mínima cultura para el cuidado de los mismos.

Propuesta

En un sistema trans moderno, donde no existirá el capital

lucrativo ni tampoco el libertinaje, dejaría de existir la costumbre de posesión individualizada de mascotas, lo que podría dar la posibilidad de desarrollar ambientes adecuados para el cuidado de los mismos.

La Belleza Exterior de la Mujer

En el capitalismo se ha inducido a la mujer a manifestar belleza exterior mediante todo tipo de atuendos, accesorios y maquillajes.

Perjuicio a la Sociedad

La mujer es esclava del consumismo al verse en la necesidad de comprar elevadas cantidades de productos relacionados con la belleza femenina, muchas veces llegando al sacrificio de su comodidad y salud como son las medias, zapatos con tacones altos, fajas, tintes para el cabello, maquillajes, depilación, etc.

Pero para las empresas que fabrican todos estos productos, dicha esclavitud les resulta con altas ganancias, pero desafortunadamente en la Postmodernidad, nunca podrán ser abolidas estas ataduras.

Propuesta

En la Transmodernidad, toda esta costumbre femenina dejara de existir, ya que en este nuevo sistema se dignifica a la mujer, al dejar de ser un medio de consumo y un satisfactor artificial para el hombre y de esa manera renacerá la belleza natural femenina como su silueta corporal y su hermosura interior.

Cuentas Bancarias

En este sistema capitalista los gobiernos de la mayoría de los países permiten que los individuos posean cuentas bancarias personales donde pueden guardar su dinero en vez de tenerlo en casa.

Perjuicio a la Sociedad

Cualquier persona, mientras tenga dinero, puede tenerlo en el banco, supuestamente tiene que ser dinero lícito, pero en la realidad, toda persona con mínima cultura social sabe que esto no es verdad, infinidad de delincuentes de cuello blanco tienen su dinero en los bancos y con el secreto bancario, nadie sabe nada de las inmensas fortunas que se amasan en dichas instituciones. Funcionarios públicos corruptos, desde los de más bajo nivel hasta ex presidentes de la república, empresarios abusivos y evasores de impuestos, líderes sindicales, entre otros, se encuentran en la lista.

Propuesta

En un ambiente trans moderno, donde las personas viven en las CEPADECITE, ya no existirían las cuentas bancarias personales ya que nadie poseerá en forma personal dinero alguno; todo el manejo de dinero en los bancos serían de cuentas empresariales y de las CEPADECITE para el intercambio de bienes a precios de mayoreo. Esta forma de manejar el dinero impediría cualquier tipo de acumulación persona l y de enriquecimiento ilícito.

Créditos a Particulares

En México como en muchas partes del mundo sabemos que los bancos ofrecen a sus clientes créditos para pagar bienes inmuebles, automóviles etc.; o tarjetas de crédito para tener la capacidad de seguir consumiendo sin tener disponible dinero en determinado momento.

Perjuicio a la Sociedad

En México existe una empresa privada que se llama Buró de Crédito, donde tienen registrado a todas las personas que tienen créditos. Por los malos gobiernos que ha tenido México en los últimos treinta años, existen millones y millones de personas que se encuentran en estado de morosidad. Por las altas tasas de interés y por la cada vez más difícil situación económica, infinidad de personas viven preocupadas, angustiadas y con miedo por el hecho de no poder pagar sus créditos.

Propuesta

En la Transmodernidad donde desaparecería el uso del dinero personal, se acabaría todo tipo de abusos bancarios, ya que dejaría de existir la necesidad de solicitar créditos personales.

Impuestos

En el sistema capitalista, toda persona que tiene un negocio o que trabaja adquiere la obligación de pagar impuestos, toda persona que compra cualquier cosa, en el precio va incluido un impuesto, nadie se salva o nadie se debería de salvar según la Secretaría de Hacienda y Crédito Público.

Parte de los impuestos los recolecta el gobierno federal para ser derramados posteriormente, según los criterios del poder ejecutivo y del poder legislativo plasmados en el llamado Presupuesto de Egresos de la Federación; lo mismo ocurre a nivel estatal.

Perjuicio a la Sociedad

El impuesto que afecta directamente al consumidor final es el IVA (Impuesto al Valor Agregado) puesto que se va trasladando desde la fabricación hasta el consumidor, y este impuesto incrementa el precio del producto; así mismo el ISR (Impuesto Sobre la Renta) que es el impuesto que se paga por simplemente recibir un ingreso por trabajar o por las utilidades que se generan en cada uno de los intercambios económicos, usualmente se busca la manera de pagar lo menos que se pueda, y esto ha generado que las leyes y reglamentos para el pago de impuestos sean sumamente complicadas para la mayoría de las personas obligadas a realizar sus pagos mensuales y declaraciones anuales, causando confusión y por tanto negligencia y desgano para el cumplimiento de sus obligaciones fiscales, además del desánimo del contribuyente al saber del robo desmedido de los funcionarios en turno.

Propuesta

En la Transmodernidad, donde las personas dejarían de percibir dinero alguno, desaparecería la imposición de que los individuos paguen impuestos, únicamente estarán obligadas a l pago de impuestos las administraciones de las CEPADECITE de acuerdo con la riqueza acumulada por la comunidad.

Comercio Informal

Una de las consecuencias más inhumanas de los malos gobiernos anteriores es el desempleo y los bajos salarios, viéndose las personas en la necesidad de participar en el comercio informal, así vemos a millones de personas en todo el país poniendo sus puestos en la calle, vendiendo en los semáforos o caminando ofreciendo algún producto.

Perjuicio a la Sociedad

Este tipo de comercio genera descontrol y desestabilidad económica y social, ya que existe un rango muy amplio de ingresos para las personas que trabajan en este rubro, que van desde los cien pesos diarios hasta los quince mil pesos o más diarios, todos ellos no pagan impuestos y generalmente son personas de bajo nivel cultural, provocando con esto que la gente que tiene un empleo, generalmente mal pagado, prefiera vender en el comercio informal, ya que en muchas ocasiones se gana más que teniendo un título profesional, por tanto se inhibe el deseo a estudiar.

Propuesta

En un sistema trans moderno, donde la población viviría en pequeñas ciudades comunales llamadas Ciudad Ecológica Productiva Autónoma y de Desarrollo Científico y Tecnológico (CEPADECITE) donde ya no existiría e l dinero, se eliminaría por completo estas prácticas, puesto que todos los que tuvieran la edad para trabajar, tendrían asegurado su empleo hasta que termine su periodo laboral.

La Tasa de Ganancia

En toda la actividad económica del capitalismo lo principal es la búsqueda del incremento de la tasa de ganancia.

Perjuicio a la sociedad

Este paradigma hace que la economía sea una economía de muerte, es decir, acelera el proceso entrópico de la vida, de tal manera que cada día que pasa nos acercarnos más a la extinción de la raza humana. El capitalismo, más que destruir el presente, destruye el futuro de nuestros nietos, puesto que induce al ser humano al consumo. Un ejemplo claro de esto es que ningún empresario industrial quiere invertir en fabricar un producto de alta duración, puesto que para ellos no es rentable, prefieren elaborar un producto de corta vida útil para que sus ventas no mermen, no importándoles el deterioro ambiental. (*)

Propuesta

En la Transmodernidad se elimina el sistema capitalista y se desarrolla una economía donde su normatividad es la preservación de la vida.

El Progreso

A través de la evolución del capitalismo se ha observado que ha venido desarrollándose lo que se define como campos de la vida humana, pero se puede decir que todo ha ido progresando basándose en el principio económico de elevar la tasa de ganancia de los dueños del capital. En la época del socialismo real, principalmente en la Unión Soviética, su progreso se basó en el principio económico del aumento en sá la producción, saliendo productos con un grado muy alto de valor.

Nos damos cuenta que ambos sistemas consideran que sus fines son alcanzados en base de la cantidad de mercancía producida.

Ejemplo muy claro de esto es la llamada "Tasa de crecimiento económico anual" de los países, donde el nuevo gobierno mexicano es presionado por las empresas para que incremente dicha tasa año con año.

Perjuicio a la Sociedad

Tanto en el capitalismo como en el socialismo real, la aplicación de los principios antes mencionados, ocasiona incluso que muchas veces se tiren al mar infinidad de productos para evitar la disminución del precio, por tanto, a través del tiempo han venido ocasionando la destrucción paulatina del planeta, generando un ecocidio al grado de poner en peligro el futuro de la raza humana.

Propuesta

En un sistema trans moderno, donde se estudiarían las consecuencias nefastas de los anteriores sistemas, se buscaría la manera de corregir el rumbo, eliminando esa percepción absurda de la cantidad como modo de progreso y se consideraría prioritariamente la cualidad, manifestándose en la calidad de los productos, para únicamente satisfacer las necesidades de la población. En cuanto a los medios de producción o bienes de capital, en el periodo de transición hacia la Transmodernidad, seguirá manejándose como en el capitalismo, y poco a poco se podrán adaptarse las industrias capitalistas al nuevo sistema de ciudades ecológicas comunitarias llamadas CEPADECITE.

Estímulo para el Progreso

El mayor estímulo que puede tener una persona para empeñarse en hacer algo en el sistema capitalista, es el dinero, casi todo mundo busca el dinero como forma de satisfacción, la iniciativa privada muchas veces compensa a sus trabajadores por su esfuerzo extra con un estímulo monetario. En la ex Unión Soviética tuvieron un revés en su desarrollo socialista por no saber estimular a las personas para que realizaran esfuerzos mayores al normal.

Perjuicio a la Sociedad

Con este paradigma generalizado en todo el planeta, la humanidad se está volviendo cada vez más materialista, más interesada en el dinero que en otros valores que son más importantes que el propio dinero, como son por ejemplo, las relaciones humanas y el trato justo y digno a todos los seres humanos.

Propuesta

Como en la Transmodernidad el dinero circulante deja de existir, la necesidad de poseer dinero para satisfacer las necesidades personales y familiares se eliminan en forma natural, por tanto deja de existir este paradigma que obliga a las personas a realizar esfuerzos extras para alcanzar un mejor estatus.

A cambio de esto se desarrollarían otro tipo de estímulos para que las personas se animen a mejorar constantemente, como el premiar con viajes o el sentir la satisfacción del reconocimiento de la comunidad al recibir un beneficio por parte del esfuerzo extra de una persona, etc. Pero lo más importante es la elevación del nivel de conciencia de los habitantes de este planeta, y algún día empezarían a desear su crecimiento personal sin ningún estímulo exterior.

La Mujer al Hogar y el Hombre al Trabajo

Desde los albores de la humanidad, la mujer siempre se ha dedicado al hogar y al cuidado de los hijos, y los hombres a llevar el sustento. En la actualidad esta costumbre se ha visto afectada por las necesidades económicas y por la liberación femenina de tal manera que, estas actividades muchas veces se comparten y en muchas otras se intercambian.

Perjuicio a la Sociedad

Aunque en la actualidad, un alto porcentaje de la mujer también recibe educación para participar en la oferta de trabajo y al trabajar ocupa muchas horas al día, un alto porcentaje de ellas no se ha liberado de continuar con las labores hogareñas y el cuidado de los hijos, situación obviamente injusta que difícilmente su pareja lo comprende y le ayuda.

Propuesta

En la Transmodernidad, con la nueva forma de vivir comunitaria en las pequeñas ciudades ecológicas, las mujeres se liberan de las responsabilidades del hogar, los hombres se liberan de las responsabilidades económicas, y ambos se responsabilizan por el cuidado de su primogénito hasta que éste cumple los seis años, después ambos se integran poco a poco a la etapa laboral.

Los Excesos

A lo más que puede aspirar una persona en el mundo capitalista es a los excesos estilo Freddie Mercury (*), entrar en sectas como la NXIVM de Keith Raniere, comprar súper yates, súper mansiones, o a drogarse con adrenalina sanguínea o medular (Adrenocromo) (**) ya que el dinero te da poder para el más escalofriante libertinaje.

Perjuicio a la Sociedad

El daño físico, mental, emocional y espiritual que el ser humano ha tenido a lo largo de todo el desarrollo del sistema capitalista está a la vista de todos, pero la mente humana está tan distorsionada en la actualidad que la máxima aspiración de la gran mayoría de la población mundial, es la acumulación del dinero, situación que está provocando la destrucción prematura de la raza humana.

Propuesta

Para contrarrestar esta tendencia tan degradante es indispensable diseñar a la brevedad una nueva forma de vivir que erradique por completo a este nefasto sistema capitalista, de allí el motivo de este pequeño libro que alberga algunas propuestas de

*(MEHER – 1)

**(CACHTV – 1)

cambio.

La Ciudad de México

La ciudad de México es una de las ciudades más grandes del mundo, esto hace que sus problemas sean mayores a los problemas de las ciudades en general, aunado a que se encuentra en una cuenca fangosa que se hunde día a día.

Entre la gran cantidad de problemas que tiene, están: La cada vez mayor escases de agua, la gran pérdida de tiempo y la incomodidad en el traslado de un lugar a otro a las horas pico, la enorme cantidad de consumo de combustible por el uso del automóvil y transporte público, el gasto social tan elevado por el mantenimiento constante de los vehículos, los altos índices de contaminación ambiental, la gran problemática por la escases de vivienda y de parques públicos, hospitales a reventar por pacientes en espera de ser atendidos, etc., etc.

Perjuicio a la Sociedad

Todo lo anteriormente descrito hace entrever que la vida en esta ciudad, es cada vez más inhóspita e inadecuada para las personas, e inclusive para las mascotas, generándose así un ambiente que las enferma y las aleja cada vez más de una vida placentera y feliz.

Propuesta

La solución a esto es la generación de pequeñas ciudades ecológicas descritas anteriormente, repartidas en todo el país, que evitarían a toda costa la formación de ciudades enormes que dañan paulatinamente la vida del ser humano.

Las Ventas

En el sistema capitalista existe una actividad muy importante que es fundamental para el funcionamiento de este sistema, son las llamadas "Venta s".

Las ventas no es otra cosa que la operación de que el vendedor entregue al comprador algún bien tangible o un servicio determinado a cambio de recibir dinero en efectivo, electrónico o en documento.

Perjuicio a la Sociedad

Como la esencia del capitalismo es la acumulación del capital, entonces las ventas son parte esencial, al grado tal, que se vuelve una absoluta obligación del vendedor enajenar a como dé lugar lo que vende, so pena de salir despedido o se hará necesario el cierre del negocio. Por tanto, en el capitalismo se hace indispensable tener que vender cualquier tipo de mercancía, cuyo origen son los recursos naturales, que en algún momento se transformarán en materia muerta y contaminante, llenadora de basureros, con la consecuencia de acabarnos el planeta, con tal de lograr el tan anhelado enriquecimiento.

Por otro lado, las ventas generan, tanto al vendedor como a los dueños de los negocios, un alto contenido de estrés, preocupación y angustia que muchas veces los inducen inclusive a cometer todo tipo de conductas indebidas y antisociales, como mentir en la calidad de los productos que ofrecen, los productores elaboran artículos chatarra de poca durabilidad, los vendedores se valen de todo tipo de artilugios mareadores para cerrar la venta, etc.(*)

Propuesta

En la Transmodernidad al dejar de existir las ventas como forma de enriquecimiento o como forma de sustento económico, deja de existir por tanto la presión indiscriminada de producir y producir bienes materiales de consumo y por tanto se elimina la absurda presión de vender, vender y vender, evitando así el daño a la naturaleza.

El Trabajo

Los medios de comunicación capitalista nos han vendido la idea de que el trabajo dignifica, que entre más trabajes, mejor persona eres, entre más trabajes recibirás mejor salario y vivirás mejor, y solamente con el trabajo, es decir, si y solo si, solamente vendiendo tu fuerza de trabajo podrás subsistir, si no trabajas, te vas a la pobreza total por no

*(CAROMETOCH – 8)

merecer nada.

Perjuicio a la Sociedad

En este sistema capitalista en que estamos inmersos los mexicanos y gran parte del mundo, la vida de un ser humano está sustentada en la venta de su fuerza de trabajo al grado tal que, s i por algún motivo, los niños y adolescentes no tienen quien los mantenga, se tienen que poner a trabajar para por lo menos comer, y aunque sea una verdadera injusticia, el Poder Judici al no hace nada para impedirlo.

Propuesta

En la Transmodernidad dejará de existir el trabajo como tal, es decir, dejará de existir la ley capitalista de que "si no trabajas, no comes" ya que no tendrás ingresos económicos a cambio de una labor determinada, puesto que el habitante de la comunidad tendrá asegurada su vida en las ciudades ecológicas y el concepto de "trabajo" pasará a ser "servicio a la comunidad" que durará únicamente el periodo de la edad laboral, gozando todos de la riqueza generada por la comunidad en forma gratuita.

Profesiones y oficios

La gran mayoría de los adultos aptos para el trabajo, tenemos la necesidad de tener una profesión u oficio que desempeñar para ganarnos el sustento y así poder mantener a nuestras familias.

Perjuicio a la Sociedad

Si no tenemos ninguna preparación, capacitación o habilidad que podamos vender dentro del mercado laboral, estaremos prácticamente imposibilitados para obtener ingresos que nos permitan vivir. Por otro lado, tenemos que observar que las profesiones y oficios generan un efecto inverso, primero, para cubrir una necesidad se genera un oficio o una profesión, pero después sucede al revés, para que los profesionistas y técnicos siempre tengan trabajo, al menos el estado tiene la necesidad de generar de alguna forma el trabajo para toda esa gente especializada que de repente se queda s in trabajo. Toda esta problemática existe por el vínculo directo entre el trabajo y la especialización.

Propuesta

En la Transmodernidad no se va a requerir una preparación laboral para obtener ingresos y así sostenerse y sostener a una familia, puesto que en las ciudades ecológicas se tendrá garantizada la vida del ser humano, luego entonces, la preparación que tendrán las personas será enfocada únicamente para servir a la comunidad y al país y no se ofrecerá ningún sueldo por desempeñarla; de esa manera los mexicanos, al tener una mentalidad nueva, sana, limpia, ya que habrán despertado su conciencia en el transcurso de 25 años de desarrollo personal, tendrán el gusto, el deseo y la ambición de servir a su comunidad y a su país para sentirse plenos y satisfechos de hacerlo y no tener que buscar por necesidad algo en que especializarse para poderse mantener.

La aplicación de las Ideas

Todas las personas en la vida diaria, de una o de otra manera van resolviendo sus problemas según su experiencia y preparación. Auxiliándose de su imaginación, en muchas ocasiones esto da lugar a que ellas tengan alguna idea que pueda resolver cierto problema importante a nivel general o social.

Perjuicio a la Sociedad

En el sistema capitalista, la gran sabiduría del pueblo no es aprovechada, debido a que no existen los mecanismos de comunicación social y menos de aplicación inmediata de las nuevas ideas, causando con esto un estancamiento en el progreso de la sociedad.

Propuesta

En la Transmodernidad existirán los centros de investigación en cada ciudad ecológica, de tal manera que cada nueva idea que tenga la potencialidad de solucionar algún problema de cualquier tipo, será debidamente registrada y divulgada inmediatamente para su aplicación en la comunidad y mediante el sistema de comunicación en red que tendrán todos los centros de investigación, se hará a nivel general.(*)

Impartición de Justicia

Se puede decir que la impartición de justicia en México, en gran medida, está en manos de las personas que se reciben de licenciados en Derecho.

Perjuicio a la Sociedad

Desafortunadamente en el capitalismo, los licenciados en Derecho utilizan su carrera como cualquier profesión, es decir, como forma de sustento económico; entonces se puede decir que la justicia en México tiene un precio, salvo el raquítico apoyo que da el gobierno a los pobres con los abogados de oficio, que por experiencia propia, la mayoría se venden a la contraparte o hacen juicios sumarios. Si tienes dinero, puedes pagar para que te defiendan de alguna injusticia o para hacer una injusticia, al abogado le da igual; no tienes dinero, estas condenado a recibir cualquier tipo de atropello y te tendrás que aguantar.

Propuesta

En la Transmodernidad dejaría de existir la licenciatura de Derecho como profesión, para convertirse en una licenciatura que profundice en el estudio y análisis de las relaciones de convivencia entre los seres humanos y sirva de guía en la justa medida para el desarrollo integral del habitante de este planeta.

Tradiciones

En México como en prácticamente todo el mundo existen lo

que se llama "Tradiciones" que según Wikipedia: Tradición es cada una de aquellas pautas de convivencia que una comunidad considera dignas de constituirse y forman parte de sus usos y costumbres pasando de generación en generación.

Perjuicio a la sociedad

Existen infinidad de tradiciones hoy en día que en las grandes ciudades de México ya se consideran pasadas de moda, como pasear los peregrinos en las posadas, etc. Existen tradiciones que en la actualidad afectan la libertad de la mujer, como obligarla a que se case con el varón que sus padres hayan determinado con anterioridad, o hay otras donde a los jóvenes actuales se les hace ridículo o penoso, llevar serenata a su novia después de una discusión. Conforme pasa tiempo las tradiciones cambian, unas para bien y otras para mal.

Propuesta

En la Transmodernidad, dejarán de existir todo tipo de tradiciones antiguas retrogradas para desprenderse completamente del pasado nefasto y se generarán nuevas tradiciones de acuerdo a los elevados niveles de conciencia que se vayan alcanzando.

La Pareja

Cuando el matrimonio es voluntario, la pareja se encuentra inicialmente muy entusiasmada y optimista de que su relación va a tener tintes rosados, y que van a ser capaces de sacar adelante el barco, como lo hace toda la gente casada.

Perjuicio a la Sociedad

El problema viene, cuando vienen las dificultades de la vida y las parejas las afrontan según su capacidad para hacerlo, aquí es donde se abre un abanico enorme de posibilidades, pero curiosamente por lo general, en estos momentos es cuando empiezan las discusiones y los alegatos entre las parejas, y peor aún, cuando los hijos crecen, también existen gritos, castigos, malos entendidos y situaciones difíciles entre padres e hijos. Este tipo de diálogo se l lama disputa erística y es muy nociva. (*)

Propuesta

En las ciudades ecológicas, cuando las parejas contraigan matrimonio, es porque ya pasaron por una serie de cursos relacionados con la vida familiar, y dentro de todo esto, las parejas estarán concientes que, una de las razones de la vida matrimonial es la ayuda mutua para el auto perfeccionamiento, y para esto es esencial que los recién casados sepan dialogar realizando negociación de ideas y logren la coalescencia. (**)

El Ejército y la Policía

Todos los países del orbe cuentan con su correspondiente Ejército, Policía y Guardias Especiales de Seguridad para garantizar la soberanía, el orden y la seguridad de todos los habitantes de un país.

Perjuicio a la Sociedad

El Ejército teóricamente está para proteger la soberanía de un país, pero sabemos que los gobiernos corruptos utilizan al Ejército para amedrentar al mismo pueblo. La Policía está supuestamente para proteger al pueblo y para utilizar la fuerza para hacer obedecer la ley, más s in embargo los gobiernos corruptos la utilizan para imponer por la fuerza las órdenes de algún funcionario de alto rango reprimiendo brutalmente a la población. Las Guardias Especiales de Seguridad son para proteger a todos aquellos individuos con poder que tienen miedo de ser atacados por sus enemigos. Todas las mentes de los miembros de estas fuerzas armadas están entrenadas para obedecer s in discernimiento.

Propuesta

     *(CAROMETOCH – 6)
       **(CAROMETOCH – 7)

En la Transmodernidad dejará de existir la Policía y las Guardias Especiales de Seguridad, quedándose el país únicamente con el Ejército mientras haya necesidad de proteger la soberanía nacional, pero será un Ejército donde todos los miembros serán personas completamente concientes, cultas e inteligentes, con altos valores éticos y morales, de tal manera que jamás se atreverían a obedecer órdenes de dañar al pueblo, y su educación militar ira encaminada únicamente a proteger, defenderse y no a atacar.

Así como estos paradigmas arriba enlistados, podríamos citar muchos más, demostrando una y otra vez el estado de crueldad, maldad y perversidad del sistema capitalista, incrementándose aún más en el actual estado de deterioro en que nos encontramos. De allí la imperiosa necesidad de poner a funcionar nuestra imaginación para diseñar un nuevo sistema, que evite retornar a estas viejas y degeneradas prácticas, que hacen del ser humano parte de un engranaje materialista, para que se libere plenamente de estas ataduras, y para que le brinde un nuevo camino hacia el descubrimiento de sus potenciales intrínsecos, e iniciar experiencias positivas de vivencias a nivel cósmico.

Capítulo III.16

Crítica a la forma de vivir dentro de la pandemia

Aprovechando la situación de permanecer en casa, que es cuando me tocó escribir estas líneas, quiero expresar con más claridad y en una forma sintetizada, la información que se está manejando en Internet con respecto a la pandemia del Coronavirus (COVID-19) en el mundo, y en realizar algunas observaciones de cómo el gobierno mexicano está enfrentando dicha pandemia.

Con la información que se ha venido manejando en estos momentos en videos de YouTube, con respecto a las causas de esta pandemia, se ve que este virus fue expandido intencionalmente por las élites globales con varios propósitos como son:

- Una forma de distraer la atención de la población mundial mientras las élites financieras reajustan inmensos desequilibrios de capitales.

- Experimentar con los seres humanos de todo el mundo para observar sus reacciones psico-somáticas ante el miedo provocado por un virus que tiene bien definido el daño que se le hace a la población.

- Comprobar que está teniendo buenos resultados la estrategia de que por el miedo, la misma gente obligue a otras gentes a cumplir con los lineamientos de la Organización Mundial de la Salud, apoyándose de las instituciones sanitarias de cada país.

- Determinar cómo las personas reaccionamos al acondicionamiento de traer tapabocas, de impedir tocarse en el saludo, de permanecer distanciados uno del otro uno o dos metros de distancia, de permanecer el mayor tiempo posible en casa, cuánto podemos soportar al percibir que el sustento familiar se reduce drásticamente, de ir viendo que su dinero ahorrado se reduce paulatinamente, de saber que ya eres desempleado y cuya lista se incrementa día a día, de que se van reduciendo poco a poco tus libertades, tus garantías individuales y tus niveles de bienestar al deteriorarse la economía.

- Hacer que la industria farmacéutica siga generando inmensas fortunas con la vacunación de toda la población mundial. (*)

- Reducir la población mundial a una tercera parte de la actual.

- Conforme se va menguado el poder humano, i r estableciendo el Nuevo Orden Mundial como se está haciendo en China. (**)

- Provocar en la población, por el uso permanente del tapabocas, desde que sales de tu casa hasta que regresas, una sensación de impedimento de hablar, por tanto a la posibilidad de protestar, logrando con esto a la larga un estado emocional permanente de sometimiento y sumisión, condición indispensable para establecer el Nuevo Orden Mundial .Por increíble que parezca, se le s está entregando, tanto a los padres de familia como a los maestros que tienen instinto represor, un motivo más para amedrentar a los niños , que es el uso obligatorio del tapabocas en las escuelas y en la calle.

- Determinar a qué nivel de vida absurda puede llegar a soportar el ser humano.

Por otro lado, en estos momentos el subsecretario de salud, realiza una conferencia diaria para presentar estadísticamente los resultados de la aplicación de las medidas dictadas por la OMS para el control de la pandemia en México, que son, con una que otra variante, prácticamente las mismas en todo el mundo. Desafortunadamente con esto se está diluyendo paulatinamente la presencia en las mentes de todos los mexicanos los grandes esfuerzos que ha venido haciendo el nuevo gobierno para alcanzar la cuarta transformación.

A todas luces se ve que las medidas sanitarias implantadas por los gobiernos estatales, incluyendo la Ciudad de México, son las ideales

---

*(THENEWDA – 1)
**(MARGAR - 1; MARGAR -2)

para alcanzar los propósitos de las élites, pero son medidas que muy remotamente sirven para salvar vidas, aunque así lo exprese la publicidad que invaden las calles de la Ciudad de México.

A mi entender, las medidas que s í hubieran servido, y de hecho, algunas están sirviendo todavía para salvar vidas, s in necesidad que se deteriore la economía son:

- Impedir a toda costa que cualquier país u organización internacional viole la soberanía nacional al pretender imponernos medidas que deterioren los pocos niveles de bienestar que ha alcanzado el pueblo de México y que además buscan a toda costa hacer negocios jamás imaginados con l a sanidad y l a salud de los mexicanos, como es la adquisición a precios exorbitantes de artículos de protección, equipo médico y las famosas vacunas que por su apresurada elaboración pueden ser más dañinas que benéficas, como sucedió con la vacuna de la influenza.

- Utilizar todos los medios de comunicación tradicional y redes sociales para difundir a toda la República Mexicana, con toda precisión, toda la verdad relacionada con la supuesta pandemia del virus COVID -19, y evidenciar cómo está siendo manipulada, sobajada y sometida toda la población mundial.

- Explicar por estos mismos medios, a todos los mexicanos, la pretensión de las élites globales de implantar el Nuevo Orden Mundial (como lo están haciendo varios YouTubers en todo el mundo), dándole seguimiento a su agenda, ahora con la dispersión mundial del COVID-19.

- Aprovechar las circunstancias para poner a trabajar al Consejo de Salubridad General para que normalice éticamente todos los productos alimenticios industrializados y que se impongan las normas que promueven la nutrición de la población.

- Aprovechar estas circunstancias para: realizar una campaña nacional contra la comida chatarra, la difusión de una cultura ética de la alimentación y la promoción de hábitos para ejercitar el cuerpo físico.

- Promover el cultivo masivo de productos agrícolas de calidad para la alimentación de los mexicanos y no para la exportación, así como regular los precios de los mismos.

- Aprovechando esta situación: impulsar, apoyar y promover la medicina alternativa mexicana y latinoamericana, ya que se sabe que es una medicina que ayuda enormemente al fortalecimiento del sistema inmunológico, así como desarrolló el gobierno de la entonces República Popular China, la tan famosa y eficaz "Medicina Tradicional China". Todo esto en vez de la medicina de guerra alópata científica, que aunque sirve para casos de emergencia, el cuerpo físico sufre mucho daño colateral y destruye terriblemente el sistema inmunológico.

- Permitir que los cuerpos físicos se vayan contagiando paulatinamente de este virus, mediante el método de la inmunidad de rebaño, que le ha dado muy buenos resultados a algunos países como Suecia y el Reino Unido, de esa manera se evitará la manipulación de posteriores brotes provocados.

Si se hubieran llevado a cabo estas medidas, desde los primeros indicios de esta pandemia, los mexicanos hubiéramos salido grandemente fortalecidos de esta manipulación mundial y hubiéramos s ido ejemplo a seguir. Los remotos casos de infección se hubieran podido controlar perfectamente en casa y en casos graves, en los hospitales, s in la necesidad de gastar miles de millones de pesos en lo que ahora se está gastando, y no hubiera habido motivo alguno para generar el acondicionamiento actual de la población de la tonta e inútil medida de usar tapaboca ni de la sana distancia y menos el de quedarse en casa, pues sabremos en poco tiempo las tremendas y desastrosas consecuencias para la economía que estas medidas traen consigo y del futuro completamente incierto que nos espera.

Con respecto al ordenamiento de realizar únicamente las actividades esenciales, expreso lo siguiente:

Desde cualquier punto de vista racional, se puede decir que toda actividad humana es esencial, ya que toda actividad humana cumple o satisface una necesidad, nada se hace s in ningún propósito pue s sería un acto de locura, por tanto, el que las autoridades sanitarias internacionales (OMS) hayan ordenado medidas con la expresión "solo se permitirán las actividades esenciales", está diciendo que todas las personas hacemos actos de locura, lo cual es falso y aberrante.

El sacar a pasear a un perro que vive en departamento al camellón de la avenida o al parque, es esencial, pues el veterinario lo recomienda ampliamente para evitar que dicho animal se enferme; el turismo y el entretenimiento son esenciales, pues una de las necesidades, para mantener la mente sana y relajada, es el esparcimiento, y no se diga para todos aquellos trabajadores y empleados que su vidas dependen del salario que reciben por trabajar en esta actividad; un taller mecánico automotriz y las refaccionarias son esenciales para todas aquellas personas que se les descompuso su vehículo; una estética es esencial, tanto para las personas que necesitan tener una imagen agradable, como para las personas que viven de dar ese servicio, etc.

Los economistas saben perfectamente que todo negocio nace para satisfacer una necesidad y todos están encadenados formando un entramado infinito de relaciones comerciales que forman la base de la fuente de bienestar de una nación y del mundo, por tanto, se puede decir que todo empleo es esencial y nadie debe adjudicarse el derecho a decir lo contrario . Cualquier intento de romper este entramado social va encaminado a una catástrofe inducida por mentes perversas.

En relación con la formas de vivir que se manifiestan en estos momentos de pandemia, curiosamente se ve claramente al salir a la calles de la Ciudad de México, que se van formando dos conductas de personas, como s i efectivamente se estuviera cumpliendo lo que está escrito en diversos libros sagrados, que habrá una selección, y que los nombran para diferenciarse de diversas maneras: los buenos y los malos, los positivos y los negativos, los seres que se dirigen a la luz y los que se dirigen a la obscuridad, los ángeles y los demonios, yo los llamaría los optimistas y los pesimistas, etc. Describiré a continuación mi impresión de estas dos formas de ser.

Personas con Actitud Optimista

Son aquellas personas que tratan de que esta situación pseudo pandémica no les afecte emocionalmente, tratan de seguir llevando su vida con alegría y buscan seguir cultivando los buenos momentos, n o les interesa usar tapabocas, respetar las reglas exageradas de "la sana distancia" ni quedarse en casa, no están pegadas a los noticieros para escuchar cuantos muertos van y menos escuchan las conferencias diarias de las estadísticas de cómo va desarrollándose la pandemia en México y el mundo, les da tristeza ver videos y programas de televisión relacionadas con las represiones, brutalidades y aniquilación de libertades por parte de los gobiernos corruptos y vendidos al gran capital; son personas que mejor buscan videos y programas de televisión divertidos y sanos, son personas valientes y están conscientes de la manipulación mundial, son personas que aman la libertad y viven en la mayor parte del día s in acordarse de la supuesta pandemia. Los niveles vibratorios de estas personas son altos, por lo que no se encuentran en un estado depresivo o tratan de salir rápidamente de esa situación, por tanto su sistema inmunológico está en buen estado y no tienen riesgo de enfermarse gravemente, pues se apoyan con una sana alimentación, estando así, por tanto, muy alejados de la muerte. Estas personas seguramente, son las que sobrevivirán.

Personas con Actitud Pesimista

Son personas que tratan que esta pseudo pandemia, consciente o inconscientemente, les afecte emocionalmente, son personas que poco a poco s e van sumergiendo en un estado depresivo y meten a sus familiares al mismo ruedo, viven en sus casas, platicando y hablando de la pandemia minuto a minuto, salen a la calle con su tapabocas con el miedo al contagio y para más de color negro para que no olviden que están permanentemente frente a la muerte, no pueden dejar de ver en la televisión, día a día la absurda y aburrida repetición de las estadísticas mortales a las siete de la noche, están aferrados a que la OMS está tomando las medidas correctas y no cuestionan nada al respecto, no les importa que se estén violando sus libertades, hasta el derecho a trabajar y recibir un salario digno, con tal de no contagiarse aunque eso sea irremediable, no se dan cuenta, que estas medidas lesionan gravemente sus niveles de bienestar, y que la economía mundial se está deteriorando día a día, con las graves consecuencias que esto trae consigo, son personas que no aman la libertad, que aceptan el acondicionamiento de no salir a la calle, de usar el tapaboca que no sirve para detener el virus, aceptan la absurda medida de la sana distancia aunque se hagan colas larguísimas, todo esto con plena resignación y aceptando con todo conformismo un estado de esclavitud.

Pienso que nadie, en un estado así, pueda ser feliz, a no ser que sea masoquista.

Absurdos en el Vivir con la Pandemia

Esta pseudo pandemia, lo que ha venido a demostrar a los sociólogos y a todos los estudiosos de los fenómenos sociales, es que un gran número de personas no juzgan, ni se cuestionan, ni critican las medidas absurdas gubernamentales, lo único que hacen es obedecer.

Es realmente increíble ver cuanta gente a nivel mundial es engañada por dejarse llevar por el miedo de ser contagiada, y acepta toda una serie de medidas absurdas para supuestamente evitarlo, sin entender que todos los humanos seremos, de una o de otra manera, contagiados, situación que es necesaria para crear anticuerpos sin necesidad de vacunas, ya que como se ha venido denunciando, las vacunas actuales son un verdadero peligro. (*) Además que este virus muta constantemente.

Cuando estábamos en la fase 2, la inmensa mayoría de los

*(JOLID – 3)

habitantes de la Ciudad de México, no usaban tapabocas; pero cuando entramos a la fase 3, mediante una simple orden gubernamental, todo mundo empezó a traer tapabocas, eso trajo como consecuencia buenas ganancias para los productores y comerciantes de este producto, aunque el beneficio de traerlo sea nulo, pues uno adecuado tiene un precio de alrededor de diez dólares. Las razones que dieron la Secretaría de Salud y la jefa de gobierno fueron realmente ridículas, pero los citadinos sumisamente las aceptaron s in darse cuenta que se están haciendo daño ellos mismos. (*)

Existen en YouTube gran cantidad de videos que promueven la correcta oxigenación del cerebro, so pena de producir una gran cantidad de enfermedades como el Alzheimer, olvido, falta de concentración, falta de agilidad mental, desmayos en lugares con poca ventilación por decir una mínima cantidad de padecimientos. Es verdaderamente vergonzoso que la Jefa de Gobierno de la Ciudad de México demuestre su ignorancia, al promover el uso del tapaboca, pero total no es médico, pero es inverosímil que el Sub Secretario de Prevención, que se supone es un excelente médico, también lo promueva, a sabiendas que este objeto provoca disminución en la capacidad de respiración. Esto es traicionar al pueblo puesto que lo está enfermando, y más aún están ejecutando estrictamente la agenda de la OMS que es un organismo al servicio del Nuevo Orden Mundial, aunque ahora se quiera lavar las manos.(**)

Antes de la fase 3, las Centrales de Abasto de la Ciudad de México, estaban completamente insalubres, después de la fase 3, siguen completamente insalubres, pero todos con la imposición gubernamental de usar tapabocas. Irresponsablemente pusieron lonas en las entradas de la Central de Abastos del Oriente, diciendo que es "ZONA DE ALTO RIESGO DE CONTAGIO", y ahora los campesinos y transportistas de los productos alimenticios, se les dificulta enormemente vender sus productos, por tanto la Central de Abastos se está quedando s in alimentos. Pues ahora que los promotores del

*(AGAPAL – 1; SEMAT – 10; VISILIM – 1)
**(GFNOF – 1)

COVID-19, el sub secretario de salud y la jefa de gobierno, determinen que van a hacer para abastecer a la ciudad de alimentos, o solamente que como piensan que infinidad de sectores económicos no son esenciales, todas esas personas que trabajan en esos sectores tampoco sus salarios son esenciales, por tanto, alimentarse tampoco es esencial. y por tanto no tengan de que preocuparse.

Muchas personas que están llevando a sus enfermos mayores a los hospitales, sin estar contagiados, ya no salen del hospital y les dicen que murió de posible contagio de COVID-19, por eso las estadísticas arrojan que en México hay más muertes por número de contagios que en otros países. Se rumorea que tienen la consigna de desaparecer a los adultos mayores, como lo pronunció descaradamente la ex directora del FMI, que ahora es directora del banco europeo , de que los viejos ya son un problema porque viven demasiado y cobran como es menester su jubilación.(*)

En términos generales los síntomas del Coronavirus son muy similares a una fuerte gripa, y de hecho, el tratamiento más correcto, es quedarse en casa reposando, tomar muchos líquidos, vitamina C, alimentarse de frutas y verduras, hacerse algunas vaporizaciones de eucalipto, etc., de esa manera se fortalece el sistema inmunológico, mejora la salud, y después de este tratamiento adecuado, se siente uno muy bien para seguir con sus actividades normales. Es más, en Internet están saliendo infinidad de tratamientos naturales muy efectivos para enfrentar este padecimiento. En estos momentos, mucha gente está haciendo esto, para salir de este contagio, ya que no se atreve a ir al hospital, pues hay un alto riesgo que no salgas con vida; inclusive hay médicos internistas éticos (**) que así lo denuncian. Más sin embargo, con un propósito mezquino, la OMS representada en México por el Consejo de Salubridad General, cuyo vocero es el subsecretario de salud, se atreven a decir que no es conveniente tratar de sanarse con tratamientos caseros pues no funcionan, y que el sistema inmunológico no sirve para este tipo de enfermedad; más sin

*(JOLUCASA – 1, IMANOT – 1, IMANOT – 3

**(DRVELLER – 1)

embargo en Suecia se está manejando la forma más sensata y natural de salir de esta pandemia con la llamada inmunidad de rebaño, y con esto han resuelto su problema sin afectar su economía. Es triste que México no fue un ejemplo a seguir, sino todo lo contrario. (*)

Lo único que sí hay que agradecer enormemente a todos los funcionarios públicos que apoyan las medidas de la OMS es que están contribuyendo a una enorme crisis mundial del capitalismo, dando entonces la pauta a que surjan nuevas opciones de formas de vivir para el ser humano, aunque desgraciadamente sea a costa del sufrimiento de la gente por el uso excesivo del tapabocas, el absurdo distanciamiento y el uso de vacunas de dudosa eficacia por la producción apresurada.

Otro absurdo que es increíble de creer es que ahora, en estos tiempos de pandemia, la policía está manejando la estrategia de circular por las avenidas a vuelta de rueda con la sirena a todo volumen a cualquier hora del día e inclusive de noche, despertando a todo mundo, generando una tremenda contaminación de ruido, sin ningún sentido lógico, a no ser que sea para espantar a los delincuentes.

Con toda esta pequeña muestra de absurdos, que podría alargarse hasta el infinito, las elites están comprobando, una vez más, que efectivamente el ser humano en un estado de inconciencia y de ignorancia, es capaz de soportar altos niveles de vida absurda.

A continuación presentaré una carta pública que mandé a nuestro actual presidente, ofreciéndole algunas sugerencias para estos momentos tan complicados.

Carta al Presidente

Ciudad de México a 31 de marzo del 2020.

Lic. Andrés Manuel López Obrador
Presidente Constitucional de los
Estados Unidos Mexicanos.

P r e s e n t e.

Mi familia y yo, al igual que seguramente todos los mexicanos concientes, agradecemos infinitamente el que haya tomado a bien, en evitar el confinamiento forzoso de la población en sus casas, como desafortunadamente lo están haciendo gobiernos de países con un alto índice de pobreza como lo es la India, donde a la gente la obligan a guardarse en su casa a punta de castigos corporales como golpearlos con varas; es espantoso y triste ver esas escenas en YouTube.

Sabemos perfectamente que los cuerpos físicos en estados emocionales prolongados de estrés, angustiados, tristes, desesperados, nerviosos, mal alimentados, etc., es obvio que al cuerpo físico se le disminuye su capacidad de protección para cualquier ataque viral o bacteriano; entonces no me explico porque gran cantidad de gobiernos están empujando a sus pueblos a esta vergonzante situación, a no ser que pretendan disminuir su población aprovechándose del COVID 19.

Más al contrario, en un estado de tranquilidad, paz, armonía, confianza, seguridad, bienestar, etc., el sistema inmunológico de los cuerpos físicos se encuentran fortalecidos y reaccionan satisfactoriamente y en forma inmediata a cualquier ataque de este tipo. Situación que usted ha venido defendiendo y luchando para que se logre, a pesar de toda la presión nacional e internacional.

Tengo 63 años de edad, he procurado desde muy joven, cuidar mi cuerpo físico, alimentarlo bien, hacer ejercicio y darle su descanso adecuado; en estos momentos llevo una vida normal saliendo a la calle como siempre lo he hecho, sin temor a que la policía me reprima por hacerlo, y esto gracias a que usted también gobierna con comprensión.

Estudié la carrera de Ingeniería Industrial en UPIICSA y con los años de experiencia que tengo en el ramo y de experiencia de vida le sugiero lo siguiente para evitar un colapso económico y que su pueblo siga teniendo esperanza en usted y para que no bajen los niveles de bienestar, situación indispensable para mantener un estado emocional positivo:

- Que todo aquel que tenga un negocio (incluyendo los servicios de agua, luz, teléfono, internet y gas), en un estado de solidaridad, vayan bajando los precios paulatinamente de los productos que ofrecen sin bajar los sueldos de sus trabajadores ni empleados, de tal manera que se reduzcan los altos porcentajes de ganancia que manejan los negocios y aumente el poder adquisitivo del peso, así nos sentiremos agradecidos al mejorar nuestros niveles de bienestar comprando productos más económicos.

- Que se eliminen todo tipo de restricciones que

afecten los intercambios comerciales entre el oferente y el demandante, para que se restablezca y se fortalezca la economía impidiendo así que baje el nivel de bienestar de la población.

- Si los países cierran sus fronteras, que todos los productos que México exporta (menos el petróleo) se comercialicen dentro del mercado nacional a precios con un bajo nivel de ganancia.

- Que los arrendadores de todo tipo de bienes muebles e inmuebles reduzcan el monto de sus rentas a menos de la mitad para aumentar las posibilidades de éxito de nuevos negocios y para que al arrendatario de vivienda se le disminuya considerablemente la presión de pagar una renta excesiva, como es el caso actualmente.

- Que los bancos también reduzcan considerablemente los intereses de sus préstamos para facilitar la inversión en nuevos negocios y el crecimiento en los ya instalados, y además para que facilite el consumo.

- Que se divulgue la información de que el tapabocas no se debe de usar en personas sanas por más de dos horas, ya que al hablar o simplemente al abrir la boca, éste se impregna de muchas bacterias que salen de la misma, y muchas otras al respirar, van a parar a los pulmones, atacándolos constantemente, aumentando las probabilidades de que la persona se enferme del sistema respiratorio y peor aún si la gente no se cepilla los dientes o tiene caries. En resumen, el mal uso del tapaboca trae un alto riesgo de enfermedad pulmonar, y eso cualquier enfermera lo sabe.

A cambio de esto los mexicanos podremos seguir adquiriendo y pagando sus productos, de tal manera que puedan prolongar la vida de sus negocios y sigan teniendo ingresos para cumplir con sus compromisos, y su nivel de bienestar no merme demasiado o desaparezca. Esto implica, claro está, que el pueblo de México tendrá que salir a las calles en forma normal con las debidas precauciones, pero arriesgándose a contagiarse, situación que puede manejarse perfectamente en casa como cualquier otra gripe; el objetivo es que les quitemos a los que pretenden el control absoluto de la raza humana el poder para hacerlo, que continúan con su dominio mediático espantando a la gente con el petate del muerto del Coronavirus, para lo cual, tenemos que manejarlo como cualquier otra enfermedad contagiosa, que hay muchas. De esa forma evitaremos que se venga abajo la economía, porque eso sí, el daño a la sociedad provocado por esta pseudo pandemia sería insignificante al lado de lo que ocurriría si descuidamos nuestra fuente de bienestar, pues no se descartaría una guerra civil. Y si el Subsecretario de Prevención pretende detener la epidemia con su absurda idea de hacinar a las personas en sus casas, para evitar que se contagien y saturen los hospitales; después habrá un desbordamiento incontrolable de gente herida y las timada y además gente enferma por cualquier otra situación, incluyendo los que la picardía mexicana ahora llaman tapaboquianos.

El pueblo sabio está perfectamente consciente que es mejor llevar una vida normal con el riesgo al contagio que morir de hambre y pánico o de cualquier otra enfermedad estando encerrado en casa; sabemos perfectamente que el pueblo mexicano no lo va a soportar.

Por otro lado, con esta lista de medidas económicas arriba expuestas,

el pueblo saldrá beneficiado pues mejorará su nivel de bienestar y su estado de ánimo será muy positivo fortaleciéndose así su sistema inmunológico, pudiendo lograr con esto salir adelante con cualquier tipo de epidemia, y de esa manera podrá seguir trabajando para el capital.

De otra manera, si los dueños de los negocios continúan empeñados en seguir dejándose llevar por el egoísmo desmedido y cruel para seguirse enriqueciendo, y suben los precios, como se ve que está sucediendo, y no impiden o no luchan para que la gente no se quede en sus casas restringiendo cada vez más, de una manera exagerada el intercambio comercial, el poder adquisitivo se reducirá, se generara una recesión y poco a poco irán cayendo todo tipo de negocios, trayendo como consecuencia un estado emocional depresivo generalizado al perder nuestro nivel de bienestar, que se traducirá en mayor cantidad de enfermos, no nada más por el COVID 19, sino por muchas otras enfermedades también causantes de muerte y adiós al sistema capitalista.

Tal vez a los dueños del capital, o dicho de otra manera más sencilla, a los propietarios de los negocios, se les haga un sacrificio muy grande al llevar a cabo todas las medidas económicas anteriormente señaladas, pero sabemos que el pueblo se ha venido sacrificando durante miles de años, mientras que los pudientes han vivido espléndidamente. Ahora es el momento que los dueños del capital se sacrifiquen si quieren seguir conservando de pie, un tiempo más, al sistema económico que los ha mantenido en la opulencia, que es el sistema capitalista, que sabemos bien, ya está en decadencia y está llegando a su fin, pero no debe caer en forma abrupta ni precipitada, pues se estaría en las condiciones idóneas para que se instaure el aterrador nuevo orden mundial pretendido por las súper elites globales donde pretenden instaurar un único gobierno planetario que desaparecerá de un plumazo a los poderes legislativos de los países democráticos y mantendrá un poder judicial altamente cruel y despiadado, infinitamente peor que el que actualmente tenemos, y lo hará con el simple pretexto del Coronavirus y de que lo hace por nuestro bien, y es obvio que con esto, dejará de existir por completo la iniciativa privada. A todas luces se ve que para allá vamos.

Si el sistema capitalista va muriendo paulatinamente, habrá tiempo suficiente para establecer una nueva forma de vivir completamente diferente a la actual, al manejarse como lo establece el Doctor en su concepto de "Transmodernidad" que servirá para que entre todos establezcamos un nuevo sistema que sea bello, con altos niveles de bienestar para todos y con todas las posibilidades de que la humanidad alcance la virtuosidad.

Espero que este llamado sea leído por usted, divulgado a todo el pueblo de México y se realice de urgencia una consulta popular para demostrarle que el pueblo estará de acuerdo con lo escrito anteriormente, y así se dé inicio de inmediato a las medidas pertinentes, antes que sea demasiado tarde.

Si llevamos a cabo esta odisea, México cumplirá su destino de ser ejemplo para el mundo como ya lo está siendo.

Quedo de usted como uno más de sus fervientes

admiradores.

Por su amable atención....Gracias.

CONCLUSIONES

Capítulo IV.1

Conclusiones

En conclusión, expondré que este libro tiene cuatro propósitos fundamentales, a saber:

1.-Los ingresos recabados por la venta del libro, una parte servirá para apoyar económicamente las actividades de una fundación que promoverá la realización del proyecto propuesto, otra parte será para el pago del costo de impresión y las regalías del autor y el resto se aplicará a una comisión del vendedor y para el pago de impuestos.

2.- Que sirva de plataforma e inspiración para liberarse de las ataduras mentales, y así crear, entre todos los seres humanos, un nuevo sistema socio-económico completamente diferente al actual, que nos brinde paz, tranquilidad, prosperidad, bienestar y libertad para lograr ser personas virtuosas.

3.- Que ayude al despertamiento de la conciencia de los mexicanos y demás seres humanos del planeta, así como también elevar sus niveles de politización.

4.- Que sirva como guía o manual para llevar a la práctica esta propuesta.

Ahondaré un poco con respecto al inciso cuatro diciendo lo siguiente.

Este libro no tiene la finalidad de ser leído y después ser acomodado en el librero o guardado en una caja de cartón, más bien, tiene la finalidad de ser estudiado, comprendido y reflexionado por todas aquellas personas que les haya interesado en apoyar un cambio como el que aquí se presenta, y después, si están de acuerdo conmigo de llevar este gran proyecto a la práctica, les sugiero llevarlo a círculos de estudio masivo en todo el país, mediante un dialogo de negociación coalescente y nunca un dialogo erístico, de tal forma que estas primeras ideas sean corregidas y perfeccionadas.

Aplicando la Ingeniería Industrial y mi muy personal punto de vista, propondría lo siguiente
-Divulgar esta información introduciéndola en los Institutos de Formación Política de los partidos, para que sea estudiada por todos sus miembros.

-Por medio de un trabajo conjunto, entre todos los miembros, se perfeccionaría la propuesta presentada en este libro.

-Si esta información logra una gran aceptación interna a nivel nacional, luego entonces se podría difundir por medio de los miembros de los partidos a todo el pueblo interesado, y si se logra un consenso nacional, ya se tendrían las bases para establecer verdaderamente el concepto que nuestro presidente actual ha dicho en muchas ocasiones y el Doctor también lo ha expresado: El pueblo manda mandando y el gobierno manda obedeciendo, puesto que la sede del poder está en el pueblo y no en los gobernantes y sabemos que el único soberano es el pueblo.

-El pueblo buscaría a un representante legítimo, que esté convencido de la propuesta perfeccionada por los círculos de estudio, para candidatearlo a la Presidencia de la República.

-El candidato elegido, tomando en cuenta las conclusiones de los círculos de estudio, elaboraría un Plan Nacional de Desarrollo 2025 - 2030, como lo presentó en su momento nuestro presidente actual.

-Si logra el candidato propuesto ganar la presidencia, podría llevar a cabo por promesa de campaña este proyecto, que sería apoyado por el pueblo de México que esté de acuerdo con el mismo, de tal manera que podamos disfrutar, en el periodo de transición de dos opciones, los que quieran seguir viviendo en el sistema capitalista y los que quieran vivir una nueva vida en la Transmodernidad.

Si ya hubo una coalición que cumplió exitosamente con el proyecto de llevar a la presidencia a su candidato, y él acertadamente se deslindó de ésta, para dedicarse a gobernar para todos los mexicanos; es necesario que ahora, la misma coalición, busque un nuevo gran proyecto que le de vida y propósito a su organización, y qué mejor que llevar a buen término, lo que se obtuvo por consenso en los círculos de estudio, que a mi manera de ver, va a ser un verdadero camino hacia la libertad del pueblo mexicano y en un futuro la del mundo, de otra forma, esperaremos irremediablemente una tormentosa Postmodernidad y después el más espantoso destino: El Nuevo Orden Mundial.

Y vuelvo a repetir lo que expresé al final de la introducción, que si después de haber terminado de leer el libro, no nos atrevemos por miedo a luchar por un mejor país, entonces ya no nos quejemos de llevar una vida miserable y disfrutemos en forma sumisa y obediente la amargura del Nuevo Orden Mundial.

Capítulo IV.2

Bibliografía

-Gómez Rodríguez V.M. (SAMAEL AUN WEOR) (1962)

Educación Fundamental

Buenos Aires – Argentina.

-Rudolf Steiner (1991)

 La Educación del niño

Madrid – España

-Pablo E. Hawnser (octubre de 1998)

La Respuesta

Ed. Sansores & Aljure. México

Capítulo IV.3

Videografía

En esta lista se busca la clave presentada de las ideas referenciadas de los diversos capítulos de este libro que se encuentran entre paréntesis, en seguida se busca el número del video sugerido.

AGARRÁ LA PALA (AGAPAL)

1.- ADVERTENCIA: El uso del barbijo puede ser perjudicial para la salud.**

ARISTEGUI NOTICIAS (ARINOT)

1.- 2020: La Pandemia con Enrique Dussel. Ética y política.**

AROBLES (AROBLES)

1.- ESTAMOS SOMETIDOS POR LOS ROTHSCHILD. **

ATRAVIESA LO DESCONOCIDO LIVE (ATRADESLIVE)

1.- Confirman que el Universo Está Lleno de Planetas con Vida Como la Tierra. **

BUSON CIUDADANO (BUCI)

1.- La captura de Emilio Lozoya y la caída de Peña Nieto - Ángel Balderas Puga. **

CACHICHATV (CACHTV)

1.- Adrenocromo, ¿mito o realidad? | Disfrutar Aprendiendo. **

CANAL 7 SALTA (CAN7S).

1.- Salta – PyV 240420/PANDEMIA: UN CRUEL INVENTO. **

CANAL TLV1 (CANTL1)

1.- Contracara N°25 - Injerencia Humanitaria necesaria. **

CANAL 11 (CAN11)

1.- – Sacro y Profano – La teología de la liberación, hoy (26/05/2014)).
**

CANAL 58 (CANAL58)

1.- Noroña se ENCABRONA con la Oposición El PRIANPRD_MC quiere echar abajo todo el Trabajo Legislativo. **

CARLOS OMETOCHTZIN (CAROMETOCH)

1.- La transición a un nuevo sistema económico. Enrique Dussel **

2.- Enrique Dussel - La relación entre ética y política en el ejercicio legislativo. **

3.- Enrique Dussel Legalidad y legitimidad: en torno a los salarios de los magistrados. **

4.- Jean-Luc Mélenchon – La era del pueblo.

5.- Jean-Luc Mélenchon – Las revoluciones ciudadanas.

6.- Argumentación erística: el combate político | Pedro Reygadas | Módulo 2019-II | Sesión 1. **

7.- Argumentación coalescente: la negociación política | Pedro Reygadas | Módulo 2019-II | Sesión 4. **

8.- Blanca Montoya - La política en los medios de comunicación. **

9.- "Rafael Barajas - Ciclos revolucionarios y contrarrevolucionarios". **

CHARITO LUZ PRIEGO SANTIAGO (CHARLUZ)

1.- BBVA pone en marcha el despido de 1,500 empleados en México. **

CHRISTIAN AMENOFIS MARINO (CHRIAMMA)

1.- ENTREVISTA AL DR Y CIENTÍFICO HUMBERTO POUCEL - ENERGÍASRENOVABLES 2019. **

2.- ¿PUEDE UN VEHÍCULO FUNCIONAR CON AGUA? **

CLAUDIO ALVAREZ TERÁN (CLAALTE)

1.- El Pueblo sin Atributos. La silenciosa revolución del neoliberalismo. **

COLEGIO INLAKESH-PEDAGOGIA WALDORF (COINPEWAL)

1.- Pedagogía Waldorf, el documental. Colegio Inlakesh, ciudad de México. **

CONTRAHEGEMONIAS (CONHEG)

1.-. Álvaro García Linera: el Estado Post-Coronavirus. **

DANKEV (DANKEV)

1.- LA TIERRA ESTA MURIENDO. **

DILAAC UNA (DIUNA)

1.- Transmodernidad y pluriversalismo **

DOC FILES (DOCFILES)

1.- EL MUNDO FELIZ DESPUÉS DE LA PANDEMIA. **

DR. VELLER (DRVELLER)

1.- COVID 19 CORONAVIRUS TRATAMIENTO PARTE 1 **

DW DOCUMENTAL (DW)

1.- Refugiados climáticos - La verdadera catástrofe ambiental | DW Documental. **

2.- Refugiados climáticos en Bangladés | DW Documental. ** 3.- Coca-Cola y un mundo lleno de basura | DW Documental. **

ECTVPLAY MOTIVACIÓN (ECTV)

1.- ¡El Peligro! Del Efecto NOCEBO En El Momento Actual. **

EL CHAPUSERO (ELCHAPU)

1.- Fox y Salinas alistan porros para reventar toma de protesta de Amlo **

EL CIELO DE RASAL (ELCIERA)

1.- Cómo construir un REACTOR NUCLEAR y extraer ENERGÍA en tu casa. **

EL MERCURIO (ELMER)

1.- ¿Qué y quién está detrás del Covid-19? con el investigador ruso Daniel Estulin. **

2.- Hablamos de vacunas, Bill Gates, 5G, mascarillas y Covid-19 con el Dr. Rashid Buttar. **

3.- Covid-19 y 5G: conectividad total y ¿posible control total? con Rubén Luengas. **

ENRIQUE DUSSEL (ENRIDU)

1.-   Conferencia   Dr.   Enrique   Dussel   Transmodernidad. **

2.- Dr. Enrique Dussel - El individuo siempre fue comunidad. **

3.-Curso Filosofía de la Liberación 01 al 10 28/01/2015..**

ÉSE WEY (ESEY)

1.- Enrique Dussel Pluriverso y Transmodernidad. **

EVAN THOMAS (EVANTHO)

1. - THE TRUTH ABOUT CORONAVIRUS IN SWEDEN! (From an American living in Sweden)**

FERNANDEZ NOROÑA (FERNOR)

1.- Estamos obligados a defender nuestra libertad - Noroña en Morelia **

2.- Jean-Luc Mélenchon Visita el Congreso Mexicano - Noroña [Video columna] **

FUNDACIÓN ARSAYIAN (FUNARA)

1.- 1 Inicio mes de la agricultura. **

GENIAL (GENIAL)

1.- La isla en donde a la gente se le olvida morirse. **

GERARDO AMARO (GERAMA)

1.- La Historia Oculta "Matanza en el Amazonas". **

2.- La Historia Oculta del Nuevo Orden Mundial. **

3.- La Historia Oculta "Violencia en Chile y América". **

<u>GFNOROÑA OFICIAL (GFNOF)</u>

1.- Cubrebocas. 19 de mayo del 2020 – Noroña. **

2.- Los Retos del Nuevo Gobierno - Noroña con el PT en Morelia. 3.- Neocomunismo. 14 de julio de 2020 – Noroña.

<u>GRUPO COMPARTIR (GRUPCOM)</u>

1.- El Éxito Educativo de Finlandia: Michael Moore **

<u>GRUPO RADIO CENTRO (GRURACEN)</u>

1.- AMLO LIBRA VERDADERA BATALLA CONTRA PODERES sólidos como el económico, judicial y mediático: FISGÓN **

<u>HECHOS ASOMBROSOS (HEASOM)</u>

1.- Inventos que podrían cambiar el mundo si no estuvieran prohibidos. **

2.- Algo muy extraño le está pasando a nuestro mundo en 2019. **

3.- Nos educaron para creer que esto no existía. **

<u>HISPANOAMERICANOS UNIDOS (HISPAUNI)</u>

1.- Qué aprender de... FINLANDIA ¡Un INCREÍBLE sistema de EDUCACIÓN!

2.- ¿ASIA NO tiene el MEJOR MODELO EDUCATIVO del MUNDO? ¿Presión ACADÉMICA? **

<u>HUNTERS (HUNTERS)</u>

1.- Acusan a médicos de matar a pacientes en hospital de Ecatepec Noticias con Ciro Gómez Leyva. **

2.- Acusan a enfermeras de matar a su mamá | Noticias con Ciro Gómez Leyva. **

3.- Acusan que familiar muerto contrajo el Covid 19 en el hospital | Noticias con Ciro Gómez Leyva. **

<u>IRENKO DRAKHO (IREDRA)</u>

1.- Matías de Stefano Todo lo que viene en estos próximos 4 años! Los invito a ingresar a nuestras WEB. **

JOSÉ LUIS CABEZA SÁES (JOLUCASA)

1.- Dussel sobre la Pandemia global la humanidad cambia de objetivos o se hará el Harakiri. **

JÓVENES LIDERES TV (JOLID)

1.- Nadie está escuchando Impactante denuncia de una enfermera de New York. **

2.- Médico en Brasil graba hospitales vacíos. ¿Todo es una farsa?**

3.- Médico denuncia bloqueos tiránicos en un discurso apasionado. **

KL VIDEOS (KLVIDEOS)

1.- ¿Cómo La Élite Reduce la Población en el Mundo?**

LILIANA ROBESON (LIROB)

1.- ULTIMA NOTICIA EL CRIMEN DETRAS DE LA VACUNA DE BILL GATES - HUMANOS SERAN ALTERADOS GENETICAMENTE. **

MARCEL GARCIA (MARGAR)

1.- ENTREVISTA: Yuan Lee habla del covid19 y China | Marcel García. **

2.- 2a Parte: Yuan Lee habla del covid19 y China | Marcel García. **

MATIAS DE STEFANO- CANAL OFICIAL (MATSTOF)

1.- Se sugiere" Niño Índigo. Matías de Stefano Parte 1 al 5". **

METAL HERO (MEHER)

1.- Las descontroladas fiestas de Freddie Mercury. **

MIRYAM DIETRICH (MIRDIE

1. - ++ Stop Pandemia. La verdad comienza a aflorar. **

MISION VIDA (MIVIDA)

1.- Entrevista a Dra. Chinda Brandolino EN VIVO - Radio Zoe y MVTV **

NOTICIAS OCULTAS X (NOTOCULX)

1.- Difundir Médicos del Mundo Unidos por la Verdad (Parte 1). **

2.- Difundir Médicos del Mundo Unidos por la Verdad (Parte 2). **

NOTIMUNDO FX (NOTIMUN)

1.- PROFECÍAS IMPACTANTES PARA EL 2020, TODO CAMBIARÁ A PARTIR DEL

PRÓXIMO AÑO **

NUMEDIA OFICIAL (NUMOF)

1.- Rueda de Prensa Médicos por la Verdad. **

OTRO MUNDO SI ES POSIBLE (OMSEP)

1.- 16 Tesis de Economía Política de Enrique Dussell - 1ª Tesis

2.- 16 Tesis de Economía Política de Enrique Dussell - 7ª Tesis **

3.- 16 Tesis de Economía Política de Enrique Dussell - 12ª Tesis

4.- 16 Tesis de Economía Política de Enrique Dussell - 13ª Tesis **

PEDRO JAVIER VIVEROS VALDEZ (PJVV)

1.- 3 Enrique Dussel Seminario día 13 **

PERIODISMO LIBRE Y ARTÍSTICO (PERLIART)

1.- NISSAN DEJARÁ A 1000 MEXICANOS SIN EMPLEO!! **

PUEBLO INFORMADO (PUEINF)

1.- ¡ALERTA MUNDIAL! Presidente de Brasil le da #Hasta La M al Planeta con el Amazonas. **

RESISTENCIA GALÁCTICA (RESISGALA)

1.- ESTAMOS SOMETIDOS POR LOS ROTHSCHILD. **

2.- Estamos SOMETIDOS por los ROTHSCHILD (2º parte)**

REVELACION HUMANA (REVHUM)

1.- Mensaje abierto al presidente Andrés Manuel López Obrador AMLO. **

2.- Los Incendios Provocados en el Amazona León Valverde **

3.- Ataque al 6o Chakra .**

RIMBEL35 (RIM)

1.- MUY PRONTO NOS IMPLANTARÁN EL MICROCHIP A TODOS: Llega la era del control humano total. **

RT en Español (RT)

1.- Fidel Castro advierte del desastre ecológico de Brasil en 1992. **

SERVIMAT (SEMAT)

1.- "El capitalismo no funciona" Advierte multimillonario. **

2.- Fuerzas realmente poderosas impulsan la desaparición del dinero en efectivo. **

3.- Dinero para todos, que puede salir mal? **

4.- Trump y Putin en reunión de emergencia buscan frenar a Zuckerberg.

5.- NEOM LA PRIMER CIUDAD DONDE SE IMPLEMENTARA EL NUEVO ORDEN MUNDIAL.**

6.- LA PROFECÍA DEL ÁGUILA Y EL CÓNDOR, TOTEMS Y CAMBIO CLIMATICO.

7.- LA PRÓXIMA GRAN RECESIÓN PONDRIA EN JAQUE A LAS ELITES.

8.- LOS TRABAJADORES PONEN EN JAQUE A GENERAL MOTORS.

9.- EL "NUEVO ORDEN MUNDIAL" NO INCLUYE EMPLEOS SUFICIENTES. **

10- EN EL NUEVO ORDEN MUNDIAL ¿ TODOS NOS CUBRIREMOS EL ROSTRO?**

THE NEW DAWN (THENEWDA)

1.- CIENTIFICO DEL MIT HACE UNAS DECLARACIONES INCREIBLES. **

TOP DE IMPACTO (TOPDEIMP)

1.- Obsolescencia programada. Crea una bombilla que dura para siempre y nadie quiere comercializarla. **

TVUNAM (TVUNAM)

1.- Muros contra el cambio climático con Ernesto Cano, Revista de la Universidad. **

<u>UNIVERSE INSIDE YOU ESPAÑOL (UNINSYOUESP)</u>

1.- Nikola Tesla y su Viaje en el Tiempo: "Vi el pasado, el presente y el futuro al mismo tiempo." **

2.- Círculos de Cultivo Contienen Patrones para Aparatos a Energía Libre Mensaje Alienígena. **

<u>VIVE SIN LIMITES (VISILIM)</u>

1.- La Simbología Oculta De Utilizar Mascaras, escapar del Ma trix. **

<u>WILMER DOMINGUEZ REMAR – INTY NEWS (INTYNEWS)</u>

1.- ESCUELA AMLO: FORMANDO LÍDERES Cap 1 Blanca Pasapera 23/8/19

<u>XAVIBOSS (XAVIBOSS)</u>

1. La Pirámide De Maslow (Jerarquía De Las Necesidades Humanas), Y más.

<u>YOLANDA SORIA JIMENEZ (YOSOJI)</u>

1.- GUERRA INVISIBLE POR EL DOMINIO DEL PLANETA TIERRA con Nexus, José A. González, Yolanda Soria. **

Fin

www.ingramcontent.com/pod-product-compliance
Lightning Source LLC
Chambersburg PA
CBHW051048250726
48656CB00001B/208